资助出版：

中国热带农业科学院基本科研业务费专项资金“都市与休闲农业科技创新团队”项目（编号：17CXTD-23）

广州市科学技术协会

广州市南山自然科学学术交流基金会

广州市合力科普基金会

都市热带农业的探索与实践

主　编　邬华松　陈丽娜　陈　石

中国农业科学技术出版社

图书在版编目（CIP）数据

都市热带农业的探索与实践 / 邬华松，陈丽娜，陈石主编．—北京：中国农业科学技术出版社，2021.3

ISBN 978-7-5116-5132-7

Ⅰ．①都… Ⅱ．①邬… ②陈… ③陈… Ⅲ．①热带－都市农业－研究－中国 Ⅳ．① F32

中国版本图书馆 CIP 数据核字 (2020) 第 016226 号

责任编辑 张志花
责任校对 马广洋
责任印制 姜义伟 王思文

出 版 者 中国农业科学技术出版社
北京市中关村南大街 12 号 邮编：100081
电 话 （010）82106636（编辑室）（010）82109702（发行部）
（010）82109709（读者服务部）
传 真 （010）82106631
网 址 http://www.castp.cn
经 销 者 各地新华书店
印 刷 者 北京科信印刷有限公司
开 本 170 mm × 240 mm 1/16
印 张 13.75
字 数 250 千字
版 次 2021 年 3 月第 1 版 2021 年 3 月第 1 次印刷
定 价 59.80 元

《都市热带农业的探索与实践》

编 委 会

主　编　邬华松　陈丽娜　陈　石
副主编　周家锁　龙卫平　吴健雄
　　　　夏　溢　周　浩　段洪洋
　　　　牛孝国　李伯松　马帅鹏
　　　　邬慧彧

序

根据全球知名科学杂志《自然》的数据，100多年来，人们向往热带生活已经成为一种时尚，温带和寒带的人口向热带、亚热带移动的速度超过了19世纪以前的总和。据估计，温带和寒带有30%的非热带人口，不同程度地生活在热带和亚热带，热带地区已成为全球的经济中心、生物中心、药材中心、文化中心和地缘中心。中国虽是一个非典型的热带国家，热区面积小，仅约50万千米^2，但热区农民约50%的收入来源于热带经济作物，1994年全国约35%贫困县集中在热区，热带区域是国家打赢脱贫攻坚、全面建成小康社会的重点、难点区域。热带农业在我国占有十分重要的战略地位：中国是一个典型热带产品消费国，主要热带产品如橡胶（300多万吨/年以上）、可可（6万多吨/年以上）、咖啡（10万多吨/年以上）等主要依靠进口，14亿多人口消费了100多个热带国家的重要热带产品。热区建有天然橡胶和糖料蔗两大国家战略物资生产基地，南繁基地承担全国70%的育种及原种扩繁任务，热带冬季瓜菜占全国瓜菜比重70%，热带水果的种类、货架期等综合权重占全国70%。我国热带农业起步较晚，但随着改革开放号角的吹响，我国热带农业也进入了快速发展的阶段，热带作物种类不断增多，规模不断增大，种植范围不断扩大，产业链也在逐步延长。但随着我国国际交流合作的不断加强，特别是中国加入世界贸易组织、东盟自由贸易区后，中国原有非典型热区及发展起步晚的弊端逐步显现：生产成本高，劳动强度大、缺劳动力，市场价格波动大。效益不稳，产业链短、附加值不高，品牌知名度小、销售困难，整体效益低等。要破解我国热带农业面临的问题，就要紧跟国家农业供给侧改革需要，积极响应国家“一带一路”倡议，充分利用国际国内两个市场、两种资源，以满足人们美好生活向往需要为目标，不断调整我国热带农业产业结构，提高热带农业发展质量，不断延长产业链，特别是要通过大力发展热带都市休闲农业，普及热带农业知识，提高全民热带农业科学素质等，不断拓展热带农业功能，提高热带农业整体效益。

我国对都市农业的研究与实践开始于20世纪90年代，目前已在北京、上海、四川、江苏、浙江等地有较为成熟的研究与实践，但如何做好都市热带农业，目前在我国开展的研究与实践尚处于起步阶段。本书基于我国热带农业既有的研究成果及都市农业在国内外的研究和实践，对热带、热带农业，以及都市热带农业的概念、特征、研究领域、研究方向、发展思路、发展展望等做了阐述，总结了“集成创新、合作共享，三产融合、绿色发展”都市热带农业的发展模式，分析介绍了在此模式基础上的成功案例及主要做法，对研究及开展都市热带农业的科研工作者、企业、合作社、种植大户等具有重要的借鉴意义和参考价值，对都市热带农业的科学发展定会产生积极有益的示范引导。

2021年1月

目　录

第一章　研究概述

第一节　研究背景

各国发展经验表明，工业化早期往往是经济快速增长时期，到工业化中后期，经济增长速度逐渐放慢，此时需要实现比较优势转化、新旧动能转换，这既存在提质增效的积极因素，也面临产业升级受阻的巨大压力。伴随我国进入工业化中后期，我国经济由高速增长转向中高速增长，正处在转变发展方式、优化经济结构、转换增长动力的攻关期。只有以新发展理念为引领，以提高发展质量和效益为中心，以供给侧结构性改革为主线，推动经济发展质量变革、效率变革、动力变革，才能显著增强经济质量优势，跨越发展关口，迈上更高质量、更有效率、更加公平、更可持续的发展新台阶。农业农村作为我国经济社会的压舱石和战略后院，推动其高质量发展，才能实现我国经济社会的高质量发展。

从 20 世纪 90 年代开始，特别是进入 21 世纪以来，工业化、城镇化的快速发展使得城市居民对农产品及服务的需求越来越多样化，消费结构从温饱型转向享受型，人们越来越多地追求生态绿色农副产品、休闲观光旅游服务等。都市农业就是在这样的背景下，为适应城市农业新需求而兴起的新型现代化农业。

一、都市农业是我国现代农业的重要组成部分

随着工业化、城市化的快速推进，规模日益扩大的城市不断以其快速变化的市场需求和生产要素塑造着一个特殊的农业板块——都市现代农业。据有关资料统计，我国百万人口以上的大城市有 85 个，耕地总面积达 3 133 万 hm^2，占全国总耕地面积的 25% 以上；其中全国 36 个大城市（直辖市、省会城市、副省级城市），耕地面积占全国的 11%，农业生产总值超过全国的 15%，蔬菜产量为全国的 17%，直接服务常住人口占全国的 22%。党的十八大以来，党中央把都市现代农业摆到了更加重要的位置，如在 2012 年全国都市现代农业现场交流会上，农业部（现农业农村部）把城市郊区多功能农业区域、优势农产品生产区、特色农产品生产区一起列为中国农业的“三大板块”。《全国现代农业发展规划（2011—2015 年）》是中华人民共和

国成立以来首次从国家层面对都市现代农业进行“顶层设计”，提出了把大城市郊区多功能农业区域、东部沿海先导农业区、农垦规模化农业区列为我国农业现代化的三大率先实现区域。“十三五”规划纲要明确提出要加快发展都市现代农业，都市农业已成为领跑农业现代化的排头兵。

二、都市农业的发展已成为各方关注的热点

伴随着工业化、城市化发展，都市农业的战略价值被重新认识，并日益受到各界越来越多的关注。理论层面上，不同学科从不同视角关注着都市农业，如规划界、生态环境学界从都市农业的生态价值和审美价值视角，强调大城市地区都市农业景观的不可或缺性；经济学界从农业的多功能价值视角，提出促进都市农业多功能转变的政策建议；地理学界则更多地从都市农业地域的视角，关注了都市农业功能区划、空间布局等问题。实践方面，发达国家的都市农业发展已有悠久的历史；在我国，自 20 世纪 90 年代，一些经济发达的大城市将都市农业纳入城市发展规划，如上海、北京、深圳等。随后苏锡常地区、南京、杭州、武汉、成都、天津等地相继展开了都市农业相关的研究和实践，到今天都市农业已从国家层面的“顶层设计”发展至各地积极推动。

三、热带农业在我国农业结构布局中具有重要地位

热带农业是指在高温多雨、全年长夏无冬、水热资源丰富、植物生长繁茂的热带地区，以发展水稻、甘蔗等农作物和天然橡胶、椰子等多种热带经济作物、经济林木及热带水果为特色的农业。热带农业普遍具有作物生长季节长，种类及品种繁多，且富于热带性，四时宜农，水稻一年三熟，作物经济价值高等特点。世界热带农业主要集中分布于东南亚及南亚，南美洲的亚马孙河流域，非洲的刚果河流域及几内亚湾沿岸等地。因受社会经济、历史条件影响，上述地区除发展少数商品性热带种植园经济外，绝大部分地区仍以传统农业为主，部分地区尚处于原始农业形态。

我国的热带农业集中在海南全省以及广东、广西、云南、四川、贵州、湖南、江西、福建及台湾的部分地区。热带农业因其特殊的地理、气候因素，在我国现有农业结构布局中发挥着重要作用。习近平总书记在庆祝海南建省办经济特区 30 周年大会上的讲话中强调，要深化现代农业对外开放，加强国家南繁科研育种基地（海南）建设，打造国家热带农业科学中心，支持海南建设全球动植物种质资源引进中转基

地。实施乡村振兴战略，做强做优热带特色高效农业，打造国家热带现代农业基地。中共中央 国务院《关于支持海南全面深化改革开放的指导意见》指出，做强做优热带特色高效农业，打造国家热带现代农业基地，支持海南建设生态循环农业示范省，加快创建农业绿色发展先行区，为海南发展热带特色高效农业指明了方向。

同时，由于热带国家多属于发展中国家，在“一带一路”倡议中具有重要的意义。以我国主要的热带农业省份海南为例，博鳌亚洲论坛农业圆桌会议、中非农业合作研讨会，建设中非农业合作研究院、航天育种国际合作示范基地、热带种业（三亚）国际展示与交易中心等一系列农业国际交流合作平台散布于此。依托“一带一路”热带农业科技创新中心、中国热带农业走出去研究中心，进一步加快热带农业科技成果在境内外的转移转化，我国热带农业区域在打造面向东南亚特别是中南半岛以及非洲、南亚、南太平洋岛国的热带农业技术转移、人才培训、产业孵化基地的优势方面，具有重要地位。

四、都市热带农业研究方兴未艾

尽管热带农业和都市农业已经成为热门话题，但至今包括概念层面尚有诸多理论问题有待深入探讨。如关于什么是都市农业？都市农业到底是客观存在的自然现象还是一种发展理念？是某些特殊形态的农业还是都市地域所有农业？学术界对这些仍没有一个共识性的观点。都市热带农业与其他都市农业具有哪些不同，如何对其进行定义？由于对热带农业和都市农业理解和定位上的不一致，加之热带农业所处空间界限的局限性，都市农业时间上的过渡性和性质上的不确定性，以及其影响因素、影响机制的复杂性，在过去的时间里，都市热带农业结构发生了哪些变化？都市热带农业今后将如何发展？诸如这些问题，依然亟须探索和实践。

第二节　研究意义

分析研究当前都市农业现状和我国热带农业发展，以质量求效益，以质量谋发展，促进都市高质量发展，推进质量兴农，对积极实施乡村振兴战略、加快推进现代农业转型升级具有积极而重大的意义。

一是都市农业发展是实施乡村振兴战略的重要组成部分。产业兴旺是乡村振兴的物质基础。经过多年发展，我国农业农村生产力水平大幅提升，乡村产业基础、产业结构不断优化。但部分优势产业仍然大而不强，一二三产业融合尚不够紧密，产业综合效益依然不高。人才外流、乡村空心化、产业凋敝、发展活力缺失等问题日益突出。打造都市农业，有助于将一二三产业紧密融合，充分利用设施化基础，提高产业综合效益。同时，城市型、城郊型区域人才较多，有助于通过都市农业实现农业高质量发展，为乡村振兴提供坚实支撑。

二是都市高质量发展是推进农业现代化的重要手段。从国际经验看，欧美等实现农业转型升级的国家，大多以提高农业供给质量为发展方向，通过提高农业资源利用率、土地产出率和劳动生产率，实现绿色发展、质量发展。当前，我国农业发展已经进入转型升级的关键阶段，都市农业恰好可以利用农业经营主体素质较高，现代化水平和要素配置效率相对较高的优势，满足提高农业资源利用率、土地产出率和劳动生产率，实现绿色发展、质量发展的条件，有利于提高现代农业质量、效益和整体素质，实现由农业大国向农业强国转变。

三是都市热带农业是提升农业国际竞争力的重要组成部分。近年来，农产品国际市场不断深入融合，我国农产品国际竞争力不强的问题愈发突显。大豆、玉米、小麦、油菜籽等主要农产品进口量逐年增加，部分品种产量、库存量、进口量“三量齐增”。在大力实施“一带一路”倡议“粤港澳大湾区”建设与“乡村振兴”战略等背景下，我国农业农村发展也取得了举世瞩目的成绩，对外开放合作、参与国际竞争的格局正加速形成。同时农业龙头企业、优势品牌和特色农产品“走出去”也迎来更加广阔的空间，为更多农业资金、先进技术、人才、企业“引进来”提供更加开放的市场。加快都市热带农业发展，因地制宜地实施差别化发展，推进热带大宗产品节本降耗，做大做强优势特色产业，有利于提高我国热带农业区域的农产品国际竞争力，加快农业转型升级。

四是都市热带农业是农民收入持续增长的重要举措。质量兴农就是要让农业发展成果更多惠及广大农民，促进农民收入增加。近年来，我国农民收入虽然保持较快增长，但大部分农产品价格持续低迷，特色农产品市场波动频繁，产业难以做大做强，农民工就业和工资持续快速增长动力有所减弱，经营收入和工资性收入都面临增长乏力问题，农民增收压力进一步加大。农村改革红利短期内难以发挥较大作用。都市热带农业可大量引入工商资本下乡，探索带动小农户共同致富。对都市热带农业进行研究，有助于实现农业的多功能性，提高农业经营效益，加快小农户与新型经营主体建立紧密的利益联结机制，同时也有利于加快农村集体产权制度改革，有利于增加农民收入，让农户平等分享现代农业发展的成果。

第三节　研究框架与内容

全书共分八章。

第一章：研究概述。主要说明我国都市热带农业的研究背景和研究意义，明确各章节研究内容。

第二章：阐述了都市农业概念和理论基础。

第三章：国内外都市农业发展实践及启示。系统梳理总结美国、日本、韩国、欧盟等国外发达国家或地区，宁波、北京等国内城市在都市农业方面的发展历程、现状成效、主要做法，综合梳理提出具有借鉴意义的经验启示。

第四章：热带农业综述。阐述了热带、热带气候、热带地区、热带国家及中国热区等概念，并分析热带作物、热带作物分类、热带作物发展概况、热带作物种质资源。最后，列举了我国热带农业研究及相关科研机构。

第五章：都市热带农业。阐述都市热带农业的内涵、发展历程、政策背景，并详细分析了都市热带农业探索实践。

第六章：都市热带农业发展模式及案例。对都市热带农业发展模式及案例进行分析，重点包括兴隆热带植物园、儋州海南热带植物园、文昌椰子大观园、湛江南亚热带植物园、三亚亚龙湾国际玫瑰谷、广州都市热带农业体验园、北京呀路谷热带植物园。

第七章：都市热带农业园区规划理论与实践。重点从规划理论、规划编制框架、规划实践、都市热带农业园区运营模式等方面进行阐释。

第八章：都市热带农业发展展望。分别从乡村振兴背景下、城乡融合背景下、粤港澳大湾区建设背景下对都市热带农业发展进行展望。

第二章　都市农业的概念内涵及理论研究

第一节　都市农业概念内涵

都市农业本质是农业，都市农业发展必然遵循农业发展的一般规律，同时又有其自身的特殊性。都市农业研究是伴随着城市的发展和不断出现的新问题而展开的一个崭新的命题。

一、都市农业的概念

都市农业是指地处都市及其延伸地带，紧密依托并服务于都市的农业。它是大都市内部、都市郊区和大都市经济圈以内，以适应现代化都市生存与发展需要而形成的现代农业。都市农业是以生态绿色农业、观光休闲农业、市场创汇农业、高科技现代农业为标志，以农业高科技武装的园艺化、设施化、工厂化生产为主要手段，以大都市市场需求为导向，融生产性、生活性和生态性于一体，高质高效和可持续发展相结合的现代农业。

二、都市农业与城郊农业的区别

都市农业与城郊农业都是依托城市、服务城市、适应城市发展要求，纳入城市建设发展战略和发展规划建设的农业，但二者还有不同点，城郊农业以为城市供应农副产品，满足城市商品性消费需要为主，发展水平相对较低，位置居于城市周边地区。而都市农业是为满足城市多方面需求服务，以生产性、生活性、生态性功能为主，是多功能农业，发展水平较高，位置在大城市地区，可以环绕在市区周围的近郊，也可能镶嵌在市区内部，是为满足都市人们对美好生活向往需要的农业，也可以说是为解决现代都市发展问题的农业。至于观光农业、休闲农业、旅游农业等，都是都市农业的一些具体经营方式，不能说它们本身都是都市农业。根据经验分析，大城市人均 GDP 达到 2 000 ～ 3 000 美元的水平时，才可能进入都市农业发展阶段。

三、都市农业的功能

1. 生产、经济功能

通过发展都市地区生态农业、高科技农业和可持续发展农业，为都市居民提供新鲜、卫生、安全的农产品，以满足城市居民食物消费需要。

都市农业利用现代工业技术，大幅度提高农业生产力水平，为市民提供鲜嫩、鲜活的蔬菜、畜禽产品、果品、花卉及水产品，并要求达到名特优、无污染、无公害、营养价值高或观赏性强。国际大都市的发展，离不开对农副产品的需求，即使交通极为方便的国际都市（如日本东京、德国柏林、荷兰阿姆斯特丹等）也有相当部分农产品需就近供应。

同时都市农业依靠大都市对外开放和良好的口岸等优越条件，冲破地域界限，实行与国际大市场相接轨的大流通、大贸易经济格局。在相当长的一段时间内生产、经济功能都是都市农业的主体功能。

2. 社会文化功能

农业作为城市文化与社会生活的组成部分，通过农业活动提供市民与农民之间的社会交往，精神文化生活的需要，如观光休闲农业和农耕文化与民俗文化旅游。都市农业起着社会劳动力"蓄水池"和稳定"减震器"的作用，对社会稳定发展、城乡居民就业和全面发展都有着重要作用。

观光、旅游休闲，是都市农业的重要组成部分。都市农业通过开辟景观绿地、观光农园、旅游农庄、市民农园、花卉公园等，为市民提供休闲场所，从事观光、休闲、娱乐活动，以减轻工作及生活上的压力，达到舒畅身心、强健体魄的目的。同时都市农业可以促进城乡交流，并直接对市民及青少年进行农业技术、农知、农情、农俗、农事教育，因而具有较强的教育功能。

另外，农村特有的传统文化因都市农业的发展而得以继续延伸和发展，如日本、德国等。

3. 生态功能

农业作为绿色产业，是城市生态系统的组成部分，它对保育自然生态，涵养水源，调节微气候，改善生存环境起着重要作用。

首先是指为城市增色添绿、美化环境、保持水土、减缓热岛效应、调节小气候、提供新鲜空气、改善生态环境、提高生活质量的功能；其次是指将生活废水及垃圾用作灌溉和肥料、节约资源、保护环境的功能；再次是指创立市民公园、农业公园以及开设其他各类农业观光景点，减少或减轻“水泥丛林”和“柏油沙漠”给都市人带来的烦躁与不安的目的，提高市民生活质量，使农业真正起到“城市之肺”的作用。

4. 示范辐射功能

都市郊区农业具有“窗口农业”的作用，由于现代化程度高，对其他地区起到样板、示范作用。作为城郊高科技农业园和农业教育园，可为城市居民进行农业知识教育。

都市农业是农业新技术引进、试验和示范的前沿农业，对一般农业的发展具有样板、示范功能。都市农业能够依托大城市科技、信息、经济和社会力量的辐射，成为现代高效农业的示范基地和展示窗口，进而带动持续高效农业乃至农业现代化的发展，对我国广大农村地区的土地高效利用起到示范作用，如日本、新加坡等。

总之，都市农业的功能主要是充当城市的藩篱和绿化隔离带，防止市区无限制地扩张和摊大饼式地连成一片；作为“都市之肺”，防治城市环境污染，营造绿色景观，保持清新、宁静的生活环境；为城市提供新鲜、卫生、无污染的农产品，满足城市居民的消费需要，并增加农业劳动者的就业机会及收入；为市民与农村交流、接触农业提供场所和机会；保持和继承农业和农村的文化与传统，特别是发挥教育功能。

四、都市农业的特点

一是直接接受大都市的辐射，充分利用大都市完善的城市基础设施条件来发展现代农业，如四通八达的交通和通信网络，以及水、电、煤气等公共设施，这些都是农业现代化的重要条件。

二是直接吸纳大都市工业对农业的投入。由于城乡之间的渗透和融合，增加了城市工业在现代技术和物质装备等方面对农业投入的驱动力，可以迅速提高农业的集约化程度和现代化水平。

三是直接利用大都市的市场优势，进入和占领国内外市场。可以利用大都市的信息优势和辐射功能，开拓国内外市场，有利于提高农业的专业化和商品化水平。

四是直接受大都市产业结构的布局调整，采取与大都市相适应的农业产业结构和经营管理方式，农村一二三产业发展快，农业内部经营也普遍引入和采用现代经营管理方式。

五是直接接受大都市市场配置资源的基础作用，建立与大都市市场相适应的现代化、集约化、设施化的农业生产体系，机械化、自动化程度高，土地产出率、资源利用率和劳动生产率高。

六是直接利用大都市的先进科技手段和科技人员指导，有利于发展高科技农业和生态高效农业，实施农业的专业化、规模化、基地化生产。

七是综合发挥农业的经济、生态和社会功能。都市农业不仅具有生产市民喜欢的优质农副产品的经济功能，而且具有涵养水源、净化空气、保持水土，绿化、美化市容，以及为城市居民旅游休闲提供重要基地的功能，充分利用各种自然景观，建设自然保护区、风景区、各类农业公园和游乐场所，给城市添加了美丽的绿色景观。

八是充分利用城市的优势，实现生产、加工、销售一体化，使农副产品通过加工和流通的方式增值。

五、都市农业的类型

1. 按农业功能划分

按农业功能划分，都市农业分别包括以下类型。

农业公园。这种类型的特点是把公园与农业生产场所、消费场所和休闲场所结合起来建设，利用农业生产基地来吸引市民游览，主要是供观赏和旅游，面积比较大。一般选择依山傍水，有林草的地方，以地形和农产品种类形成自己的风格特色。农业公园分专业性农业公园和综合性农业公园。

观光农园。这种类型的特点是开放农业园地，让市民观赏、采摘或购置。有的提供农村景观或生产过程观赏，有的可以购买新鲜产品（如花卉），有的可以参与采摘，有的观光农园集中区建立了展览室，让游人在观赏之余还能增长知识。

市民农园。这种类型特点是让没有土地所有权的市民承租农地，直接参与农业种植，亲身体验农业劳动过程。市民农园一般设在市区较近，交通和停车都便利的地方。农园经营者把整个园地划分若干块，分别租给不同的市民，供他们进行耕作体验。

休闲农场。这是一种综合性休闲农业区，以吸引旅客住宿为特点。农场以生产果、菜、茶等农作物为主，经过规划设计，充分利用农场原有的多种自然景观资源，如溪流、山坡、水塘，以及植物、动物、昆虫，引进一些游乐项目，开发为休闲农场（或度假农庄），把市民的观赏景观、采摘果实、体验耕作、住宿餐饮和娱乐等多种活动结合在一起，适应他们度假游乐的需要。如日本的“民宿农场”，澳大利亚的“度假休闲农场”。

教育农园。这是兼顾农业生产与科普教育功能的农业经营形态，即利用农园中所栽植的作物、饲养的动物以及配备的设施，如特色植物、热带植物、农耕设施栽培、传统农具展示等，进行农业科技示范、生态农业示范，传授游客农业知识。代表性的有法国的教育农场，日本的学童农园，中国台湾的自然生态教室，北京的少儿农庄。

高科技农业园区。这是采用新技术生产手段和管理方式，形成集生产、加工、营销、科研、推广等多功能于一体，高投入、高产出、高效益的农业种植区或养殖区。这些园区有的可以对外开放，接受游人的观赏；有的属于封闭型，不接待游客。

森林公园。这是一个以林木为主，具有多变的地形，开阔的林地，优美的林相和山谷、奇石、溪流等多景观的大农业复合生态群体。以森林风光与其他自然景观为主体，在适当位置建设狩猎场、游泳池、垂钓区、露营地、野炊区等，是人们回归自然、休闲、度假、旅游、野营、避暑、科学考察和进行森林浴的理想场所。

民俗观光园。选择具有地方或民族特色的村庄，稍加整修提供可过夜的农舍或乡村旅店之类的游憩场所，让游客充分享受农村浓郁的乡土风情和浓重的泥土气息，以及别具一格的民间文化和地方习俗。

民宿农庄。主要是为已退休或将退休的城里人租住农村房屋，迁居农家。这些人中有教授、导演、设计师、工程师等，他们在城里均有较好的楼房，但非常向往农村的风光，游览田园景观，希望在林间散步，呼吸着农村新鲜空气，过着宁静淡泊、无噪声、无污染的世外桃源式生活。

2. 按区域划分

按区域划分，分别包括如下。

中心区农业。本类型位于城市中心地区，人口和建筑密度高，土地利用的混合程度和集约程度最高，通常以公务和商业零售活动为主。这里的农业主要分布于屋缘（屋顶、阳台、宅院）、闲置地、院区和园区，具有较高价值和需要较多投资的农业。其中很多采用小型温室农业系统的形式。这类农业最容易受到城市改造的吞噬。

走廊区农业。本类型位于高速公路或铁路两侧的交通地带，属于高集约发展地区。这类农业处在交通设施发达、与市场联系便捷、居民密度较高的有利环境；走廊地区的农业结构，可以经营观赏性园艺、温室蔬菜和花卉、放牧、家禽、微型动物，以农家产品集贸市场和批发市场为主。这类农业容易被城市和交通设施的建设所取代。

隔离区农业。本类型农业地处交通走廊之间，呈楔式地分布，是都市农业土地、就业、产出集中地区之一。在城市化迅速成长的时期，这里往往是城市住宅、工业、绿化等建设发展的主要区域，土地利用类型有可能从农业用地大量转为建设用地，所以要注意保护农业。

外缘区农业。本类型是相对稳定的农业区，也是都市农业土地、就业、产出集中地区之一。外缘农业区的大小，在很大程度上取决于交通运输效率和自然条件特征。外缘区农业的特点是以大量中小型农场的形式，按照都市区市场的需要，以生产鲜活农产品为主；这一带的农业家庭比一般农区拥有更多的非农业就业机会和收入。

六、都市农业概念的演变及代表性学说

都市农业最早出现在日本。1930 年的《大阪府农会报》称“以易腐败而又不耐储存的蔬菜生产为主，同时又生产鲜奶、花卉等多样化产品的农业生产经营”为都市农业。因其不仅是新兴的研究领域，且牵涉面广，涉及的问题错综复杂，所以国内外对它的定义众说纷纭。为弄清都市农业的含义，有必要回顾都市农业的研究史，明晰都市农业理论研究的系谱。以下是最具代表性的 4 家学说。

1. 日本地理经济学家青鹿四郎学说

都市农业作为学术名词最早见于青鹿四郎的《农业经济地理》，指分布在都市工商业和住宅区等区域，或都市外围的特殊形态的农业，依附于都市经济并直接受其影响，主要经营奶、鸡、鱼、菜、果等，集约化、专业化程度高，同时包括稻、麦、水产、畜牧等的复合经营，范围一般是都市面积的 2 ～ 3 倍。

2. 农政经济学家桥本卓尔学说

桥本卓尔认为，都市内及周边的农村受城市膨胀的影响，在农村城市化进程中受席卷而形成的一种农业形态，被都市包容、位于都市中最易受城市扩张的影响，但又最直接得益于城市完备的基础设施，是双重意义上的最前线的农业，与城市建设发展占地和居民住宅建设占地同时并存、混杂、镶嵌，若放任自流就有灭亡的危险，要有计划地保护。

3. 美国经济学家休马哈学说

该学说认为，人类是自然界中脆弱的一部分，都市农业将城市人同自然界联结起来，不仅改善和提高其生存环境，而且生产粮食、蔬菜等，以满足市民生活的需要。

4. 我国农经界的主要观点

我国研究都市农业的历史不长，尚无统一认识，主要有以下观点：都市农业是广义的地域经济的概念，包括都市内镶嵌插花状的小块农田、庭院和阳台绿化，也包括城乡接合部的近郊农业，还包括远郊，甚至环大都市经济圈在内的适应大都市

需求的农业，是动态的而非静态的地域经济概念，随经济、科技、社会进步而分阶段发展，是在城郊农业的基础上发展起来又超越城郊农业的经营形态高级化、多样化的农业，集中反映了消除城乡和工农差别，打破城乡二元经济结构的一种发达形态的农业生产力。生态农业、休闲农业、观光农业、旅游农业、创汇农业、宾馆农业等在某方面都反映了都市农业的发展水平和特点。

第二节　都市农业的理论研究

都市农业是城市进程中城市化、现代化发展的产物。其理论研究主要有以下6种：农业区位论、产业结构优化理论、投入产出理论、可持续发展理论、外部性理论和城市发展与规划理论。

一、农业区位论

农业区位论是德国农业经济学家杜能于1826年在其出版的《孤立国对于农业及国民经济之关系》一书中首次提出的。他采用抽象分析法研究最优农业布局以使单位土地利润最大化的问题，对城市外围地区农业生产的合理分布模式进行了详细的论述。主要结论：①城市作为消费中心是影响其周围农业用地的一个主导因素，以距离城市中心的远近及农产品运输费用的大小衡量地租额的高低和土地利用集约化程度大小的标志，并据以对各类农产品的生产进行布局及定位。②按土地区位地租高低，即距市场远近，确定土地利用的合理集约度。即距城市中心市场越近，地租越高，土地利用的集约度也相应越高。③对因气候、土壤等自然条件所限制或市场畅销的农产品，必须迁就特定产区而又远离中心消费市场的，应对这些产品进行加工转型，以利远销。④对易腐保鲜农产品、单位产品体积或重量大而价值低的产品，为节省运费和土地或为加快销售速度，其产地应离消费中心较近。该理论还提出了以中心城市为核心的农业分布圈层理论，认为以城市为中心向外呈“同心圆状”扩展的农业区域划分为6个具有层次性的农业圈层，其规律是土地的单位面积产量和收益由中心向外围逐渐递减，农业的集约化水平也由内向外降低。在都市化水平不断提高，都市规模不断扩张的情况下，大都市用地与都市边缘地带的农业用地形成竞争。由于作为城市用地通常比作为农业土地利用更能获得较高的利润，都市边缘地带的农民也愿意抛售土地。农业区位论对都市农业的发展起重要指导作用，尤其是对农业生产布局的层次性和地带性的研究非常值得借鉴。都市农业按照区位与功能分区，使得以城市为中心的不同的区域重点发展不同的产业，以实现都市农业资源的高效利用。不过，目前都市农业的发展已经远远超越了农业区位论的范畴。

二、产业结构优化理论

产业结构优化是指通过产业调整来影响产业结构变化的供给和需求结构，实现资源优化配置与再配置，推动产业结构多元化、合理化、高级化发展的过程，最终实现经济的持续快速发展。产业结构优化是一个动态概念。在一国经济的不同发展阶段，产业结构优化的具体内容是不同的。在特定的经济发展阶段和时点上，需要根据消费需求和资源条件理顺结构，使资源在各产业之间合理配置，有效利用，促进产业间的均衡合理发展；同时，资源利用水平随科学技术的进步应不断突破原有界限，逐步扩大代表现代产业技术水平的高效率产业部门的比重，增强经济系统内部的持续创新能力，促进产业结构向高级化逐步演进。该理论的代表观点主要如下。

比较优势理论。目前，被广泛接纳的是动态比较优势理论，认为：一国基于未来发展战略的动态比较优势是需要政府通过产业政策去培育的，或者政府的产业政策可以加速这一进程。一国比较优势不是固定不变的，而是会随世界经济形势或是随一国要素积累和技术进步等因素的转变而发生变化的。用该理论分析我国都市农业的发展，可以发现：首先，都市农业与普通农业相比在土地资源上不具有优势而具有资本和劳动力资源优势，因此都市农业的发展中应避免发展大宗农作物等土地密集型产品而应该发展资本密集型农产品生产与加工（高科技农业、精准农业、设施农业等）以及劳动密集型产业（蔬菜、水果、花卉等农产品及其加工品和发展旅游农业、观光农业、休闲农业、体验农业等服务性产业）。其次，通过各种农产品在都市不同区域的比较，找出农产品的优势生产区域，有利于安排都市农业产业布局。

产业结构演进理论。产业结构演进理论由英国经济学家克拉克提出，主张：随着经济和社会的发展以及人均收入水平的提高，劳动力首先由第一产业向第二产业转移，随着经济继续发展即国民收入水平的提高，劳动力又开始由第二产业向第三产业转移。美国著名经济学家库兹涅茨认为，农业的国民生产总值占全部总产值的比重同该部门劳动力占全部劳动力的比重一样都呈下降趋势，工业和服务业的份额则呈上升趋势，服务业劳动力所占份额显著上升。根据产业结构演进理论，都市农业的发展应该实现农业的产业转型：第一，延长产业链条，提高农产品附加值。发展都市农业就必须转变过去那种搞农业就是搞生产的传统观念，这就是在产业纵向层面，延长农业产业链条，营造系列农业生态休闲旅游经营链，增加产品附加值。

第二，农业生产过程的工业化。农业产业的开发应该克服自然条件的限制，在区域联动的层面上进行，只有建立区域农业产业一体化的生产经营格局，才能像工业一样实现投资“规模报酬递增”和农业资本盈利最大化。要实现这一目标，就要大力发展高科技农业、工厂化农业、设施农业等，提高现代农业生产可控制化程度和抗风险能力。第三，大力发展涉农服务业，深度挖掘农业外延经济潜力。都市农业以大都市为背景，农业观光旅游市场需求量大，这就为休闲观光农业、旅游度假农业、参与体验农业、科普教育农业等都市农业休闲产业发展提供了契机。都市地区应该抓住该契机，充分拓展农业多功能性，围绕建设观光、旅游、休闲和体验于一身的新型农业进行开发，这样不但可以创造较高的农业经济效益，而且还可以就地转移农村富余劳动力，增加农民收入。

三、投入产出理论

投入产出理论认为生产就是通过一定量的物质投入产出一定量产品的过程。生产一定数量的产品，必须有一定比例的物质投入即技术系数。生产力就是由这种技术系数决定和反映的投入产出能力。该理论既能清晰地反映经济增长与社会发展及生态环境之间的关系，又能对都市农业各经济、社会、生态功能投入产出指标进行定量分析，将协调发展作为处理经济与生态环境之间关系的最佳选择，从而为都市农业的发展方向指明道路。

四、可持续发展理论

发展都市农业是实施可持续发展战略的客观要求。主要表现：第一，可持续性首先是一种思想，其思想的根源就是资源的有限性，可持续性在都市农业中表现为资源的持续利用，不是掠夺式开发，是开发和保护相结合。第二，城市化快速发展导致人类与生态环境的矛盾愈加激烈，城市居民越来越意识到城市环境恶化给其身心健康带来的负面影响，都市居民开始关注城市郊区的农业发展，从而最终演变为发展都市农业的要求。第三，都市农业发展，正是融入了可持续发展的思想，其目的不仅要为城市居民提供优质、安全、多样化的农副产品，而且要为城市居民提供良好的生态环境和休闲娱乐、旅游观光的场所，体现了经济社会可持续发展必须以生态可持续发展为基础的思想。

五、外部性理论

该理论认为一种经济行为所产生的边际私人产品大于边际社会产品时，称为负外部性（或外部不经济），反之，当一种经济行为所产生的边际私人产品小于边际社会产品时，称为正外部性（外部经济）。对于外部不经济现象或部门，国家可以采取课税的方法干预。而对于存在外部经济效应的部门则给予补贴。都市农业具有准公共产品的特性，它除了确保粮食和其他农产品的供给之外，还发挥着防止洪涝灾害、涵养水源、水土流失、净化空气、提供绿色景观和自然景观，以及传统文化的继承等多方面的作用，具有很强的正外部性。但若没有相应的激励机制，在环境保护问题上就会产生“搭便车”的机会主义行为。而让农业正外部性“内化”的主要手段是通过政府的干预，一方面，通过政策手段从社会上其他人所得到的收益中拿出一部分来补偿行为者的损失，把农业社会效益和农业经济效益的差额返还给农业。另一方面，政府来充当制度供给者、环境营造者和主要投资者的角色。

六、城市发展与规划理论

城市发展理论认为，城市是经济社会发展到一定阶段的产物，是人类历史发展的中心舞台,是一个国家一个地区政治、经济、文化、交通的汇聚点。从经济的角度看，城市是经济的聚集地，是物质财富的主要载体，是生产要素的汇集中心，是先进生产力的综合体。从发展的角度看，城市是发展的引擎，是经济增长的重要推动力量，是区域经济发展的支撑，是人类创新的主要产生源。其中代表性的理论为德国的城市分区理论和英国的花园城市理论。按照城市发展与规划理论，都市农业的发展一方面有助于都市地区生态环境的改善，提高乡村土地的经济价值。另一方面，它可以改变传统的城乡对立观点，追求城乡之间有分工、多层次、一体化的新经济格局，并追求都市与乡村经济、社会、环境的协调统一。随着都市农业的发展，必然会产生城乡经济融合、产业融合、劳动力融合，最终实现城乡一体化，这既是建立中国特色农业现代化的重要手段，也是构建和谐社会的重要途径之一，更是都市农业发展的主要方向。

综合来看，农业区位论奠定了都市农业发展的理论基础，体现了“因地制宜”的原则；产业结构优化理论为都市农业的结构调整提供了宏观的战略选择，使产业结构更趋多元化、合理化及高级化；投入产出理论能促进都市农业投入结构优化；外部性理论指导了政府在都市农业中的作用；可持续发展理论指引了都市农业的发展方向；城市规划理论促进了都市农业规划在城市发展中的具体实践。总之，都市农业是在多种理论的交叉融合中体现其综合功能和效益的，从而为都市农业的发展提供应用与实践性的支撑与启发。

第三章　国内外都市农业发展实践及启示

第一节　国外发达国家都市农业实践及启示

一、新加坡都市农业发展

（一）基本概况

新加坡位于马六甲海峡东口，由本岛和63个小岛组成，国土面积714 km^2，国土面积小，地形平坦，起伏不大，多数地方海拔不到15 m。新加坡地少人多，土地和水资源都非常有限，日常用水和所需食品的90%需要进口。2001年受全球经济放缓影响，经济出现2%的负增长，陷入独立之后最严重衰退。为刺激经济发展，政府提出“打造新的新加坡”，努力向知识经济转型，并成立经济重组委员会，全面检讨经济发展政策，积极与世界主要经济体商签订自由贸易协定。

新加坡各类经济社会发展指标持续多年名列世界前茅。新加坡政府十分重视农业现代化的发展。新加坡因土地面积小，自然资源缺乏，农产品不能自给，所需食品的90%均要从国外进口（甚至连沙石、水、食品都需要进口），发展农业的自然条件十分缺乏，但其拥有独特的地理条件、良好的气候特征、旺盛的动植物系统和优越的旅游资源，为发展都市农业提供了基础资源。早在20世纪60年代，新加坡重视环境保护和整体规划，执行以人为本、科学管理的基本理念，在城市化进程中十分重视农业土地资源,力图运用高科技来保护和使用日益稀缺的土地资源。以“花园城市”运动为突破口，有计划地推进城乡绿化和特色园林建设，创建起具有观赏、休闲和出口创汇功能的高科技农业园区，形成了具有观光旅游特色的都市农业体系。新加坡大力发展高科技、高产值的都市农业，实现了经济社会加速发展。新加坡也被赋予“花园城市”的美称。

新加坡大约1%的陆地面积为农用土地，农业在三大产业中所占比重较低，但新加坡根据土地面积少的特点，发展特色鲜明、产量稳定、效益很高的都市农业。蔬菜产量大约占总消耗的12%，鸡蛋和鱼类产量，各占本地消耗的26%和8%。从产业类型看，主要生产供当地消费的蛋、鱼、蔬菜，生产供出口的高价值热带兰花和观赏鱼。种植业结构上，发展果树、蔬菜、花卉等经济作物。新加坡成为高品质兰花的主要出口国，年均保持在 1 000 万株。良好的物流运输条件，使新加坡成为主要的鱼类集散地，其主要发展高附加值的观赏鱼。

（二）都市农业发展情况

新加坡根据自身情况，大力发展高科技、高产值的都市农业。一是农业科技园现代化集约化。20 世纪 80 年代中期开始，新加坡就开始由国家出资，建设现代化集约化的农业科技园。目前，新加坡建设有 6 个农业科技园。农业科技园采用先进的科学技术来提高农业生产效率。在籽种选育、品种改良、水资源利用、自动化控制技术、工厂集约化生产等环节，采用现代化技术手段，大大提高了资源的合理利用和效益的增长。二是兴建科学技术公园。新加坡政府非常注重新技术的研发，邀请各领域科技专业人员参与科学技术公园的组建和管理。科学技术公园已成为高新科技的重要孵化器。如利用近海优势，发展高科技水产场；将生物技术应用到花卉生产。为了解决面积狭小的困难，新加坡正在集成多项高新技术建设空中花园，推广“垂直绿化”。这不仅为城市提供着时鲜农产品，还可提供休闲旅游的好去处。三是发展都市型科技观光农业。新加坡也是一个旅游城市，现建有 4 处自然保护区，总面积约为 3 144 hm^2。在 6 个农业科技园中的大小农场里，不但可观赏到农作物种植场景，而且还可观赏到一些珍贵动植物、名优花卉、观赏鱼等。其中，农业和旅游有机结合的典型范例就是克兰芝乡村农场。该农场实行多元化运营模式，以农业为基础，发展了与之相关的产业形式，集生产、学习、餐饮、住宿、会议和田园风光于一体，具有农业生产、科研、教育和度假多种功能的农娱农场。

（三）克兰芝乡村农场概况及运行模式

新加坡有 260 多个农场，由于受到土地面积的影响，每个农场的面积，几乎都是“袖珍 + 迷你”的小型农场。克兰芝农场其实不是农场，而是一个乡村。它是由 36 家小型农场组成的一个“农庄小镇”。这些农庄相互依托互补，形成了新加坡境内唯一一个保存完好，至今仍有浓厚原始意味的土地，并成为官方认定的旅游景点。其运行模式为：资源整合，共谋发展。

克兰芝农场组织的背后，是克兰芝乡村协会，由新加坡农庄主发起的，并由这个组织主导克兰芝乡村的发展。不仅要打造农场娱乐的概念，还积极倡导一种回归自然、拥抱健康和可持续发展的生活方式。克兰芝乡村由 36 家农场组成，包括度假村、蔬菜类农场、观赏植物花卉的农场，渔业、畜牧业以及其他休闲手作式农场。这些农场中，包括比较知名的如克兰芝农场度假村、宝莱坞蔬菜农场、夏氏牧羊场、叶绿清科技私人有限公司、荷兰永久花朵花园、马来西亚工厂农场、鸡蛋孵化农场（图3-1）。虽然每个农场面积都很小，但是它们互相联结，形成了一个主题丰富、业态非常完整的大型休闲度假区，可以满足不同游客的需求。

图 3-1　克兰芝农场分布

克兰芝农场是结合农业、科研、教育和度假的农娱农场。把生产、学习、餐饮、住宿、会议和田园观光一体化。整体的思路，以农业为主体，以此为基础，发展和开拓与农业相关的产业延伸产品。观赏性、体验性和教育性的活动并进，让来到园区的游客和亲子家庭、团队学校，不仅能欣赏田园风光，还可以学习农作物的种植知识。此外，还让游客全面了解农村的农作物种植、采摘、加工等，促进园区有机蔬果的售卖。举办田园婚礼，还划出 21 块农田，让有创意的人去种植，不收租金，只收取管理服务费。

（四）经验借鉴

新加坡在几乎没有农业土地的背景下，利用高科技发展起了都市农业，在保障食物供应、增加农民收入、改善城市生态、提供观光旅游等方面，有很多值得借鉴之处。一是因地制宜，制定发展规划，统筹发展。新加坡地少人多，环境压力大，都市农业发展所需的资源是由政府统一规划，统一管理，以保证可持续发展。二是结合实际，选择发展模式，发展特色产业。新加坡扬长避短，走出了一条高科技高效益发展之路，将新兴技术应用到农业发展中，观光农业、生态农业、休闲农业已成为城市居民生活的一部分。三是政府发挥了重要作用。新加坡政府不仅保护和管理好农业用地、森林资源、公园等，发挥着管理者的作用，而且还投资建设农业科技园，然后以招标方式租给公司或个人经营，起到了积极引导社会资金流向农业的作用。

二、日本都市农业发展

日本是世界上最早出现都市农业的国家之一，1968 年，日本的农业用地被大量编入城市街区的规划，农业用地需要支付与住宅用地相同的税金以及继承税，有一段时间，在日本，都市农业“不要论”盛行。20 世纪 90 年代，随着《改正绿地法》和《新农业法》的实施，日本都市农业多种功能越来越得到重视。2015 年，日本通过了《都市农业振兴基本法》，标志着日本都市农业迎来了新的转折点。日本都市农业是极具日本特色的。作为一种特殊形态的现代农业，日本都市农业有其不可替代的功能作用，同时也存在着不少十分棘手的问题与困难。由于日本属于小农经营的国家，人均农地占有规模小，因此，日本发展都市农业的做法和其他西方国家相比更值得我们研究和借鉴。

（一）基本概况

日本对都市农业在区域范围上做了明确规定，即人口集中地区面积占可居住地面积 5% 以上，人口密度在 500 人 /km^2 以上的市町村。都市农业主要分布在城市化地区。2015 年，日本从事都市农业的农家为 22.8 万户，约占全国总农家数 252.8 万户的 9%；经营都市农业的耕地面积为 8 万 hm^2，约占全国总耕地面积 451.8 万 hm^2 的 2%；都市农业经营产值为 4 466 亿日元，占全国农业总产值 5 兆 8 366 亿日元的 9%。再从都市农业生产经营的作物来看，蔬菜比重为 64%，水果为 5%，花卉为 11%，稻米为 8%，畜产品为 8%。与全国平均 24%、9%、5%、22% 和 31% 形成鲜明的对比。如东京都、大阪府的都市农业主要生产蔬菜、水果，特别是不耐储存运输的绿叶菜占较大的比例。最高的东京行政区，蔬菜比重高达 79%。

在都市农业中，农村劳力弱，兼业农户比例高。由于经济的发展，农村中各类农业劳动力外流现象严重。在日本的三大都市圈中，农业劳动力外流最为严重的是大阪府，其次为东京都。农村劳力的大量转移，加快了都市农业日趋兼业化。在日本，农户被划分成三大类：一是专业农户；二是以经营农业为主同时兼营他业，家庭收入以农业收入为主的第一类兼业农户；三是以经营农外产业为主同时兼业农业，家庭收入以农外收入为主的第二类兼业农户。与全国平均数相比，大城市都市农业中的第二类兼业农户比重明显较高。这表明，由于城市工业企业提供了大量的就业机会，都市农业区域内农民的经济生活已不再仅仅局限于占有和经营一小块土地，而更主要的还在于从事其他行业。据统计，2015 年都市农业农户收入 610 万日元中有 65% 来自不动产经营所得。

（二）经营形态

由于城市的不断扩大，日本都市农业在经营方面出现了两极分化：一方面都市农业受城市和其他产业劳动报酬高的影响，地价高、劳动力价格也相对较高。同时正由于农业处在大城市内，因而在购买农用物资，吸引利用资金，及时掌握市民消费动向、了解口味喜好变化等方面具有不少优越性。因此一部分农户根据这一实际情况，增加设施建设投入，依托先进的科学技术，充分利用现代化设施，发展节约土地的集约化经营方式。如实行蔬菜轮作、温室大棚设施栽培、无土工厂化生产等，以此获得较高的经济效益。另一方面由于城市的不断扩张使农业前景日趋黯淡，在都市农业区域内生产，其耕作条件往往比其他地区更困难。应该说，农业发展必须有长期规划，但事实上都市农业的不确定性更强，不少土地在不远的将来都将被工厂、住宅等建筑物所蚕食，从而大大影响了中长期的农副业投资，不少农民鉴于这种认识都不愿再投资。由于日本是土地私有制国家，农户都将农田视为财产，不愿放弃土地、放弃农业，以图保值或升值。因此也有不少农户采取粗放的耕作方式，或干脆弃耕，等待土地增值，以获得比从事农业更高的收入。

（三）日本都市农业功能

日本的都市农业是整个现代化城市的一个有机组成部分。因此与一般农区相比，都市农业直接受到城市及其发展的影响。都市农业生产市民所需的蔬菜、水果、奶制品，为城市发展提供建设空间和更好的生活条件，如绿色空间、新鲜空气等。在国际化大城市迅速发展的今天，日本的都市农业在经济、社会和文化方面发挥了重要的作用。其主要功能有以下几点。

1. 为市民提供新鲜农副产品

在一切生产手段都能实现工厂化的今天，农业作为依赖自然和太阳的唯一产业，为人类生产各类农副产品，无论是在城市，还是在农区，这是其本身所有的内在功能。由于紧靠城市，与一般农区相比，市民更关心都市内生产的农产品是否受到污染，因此在都市范围内生产、收获农作物，市民可以眼见为实，获得安全感。同时都市农业生产还有其明显的地理、科技、信息优势，因此都市农业生产的各类优质、新鲜、卫生、安全的农副产品，主要是提供给大城市，以满足市民多层次的需求，这已经成为都市农业的主要功能之一。其中最显著的特点是利用各类现代化生产设施和先进技术，生产一般农区不易替代的不耐储藏及运输的各种新鲜绿叶菜及部分水果。大阪府、东京都等大城市农民大多在较短时间内生产各种短期绿叶菜，有的地方年间收获上市次数可达 7 ～ 8 次，由此确保了新鲜农产品的供给率和市场占有率。值得一提的是，不少地区还十分重视挖掘与开发富有本地特色的农副产品，以满足市民各种需求。

2. 为市民提供优质生活环境，提高生活质量

由于城市急剧扩张，都市被水门汀、建筑物所笼罩，热岛效应不断加剧，气候日趋恶化，因此在都市内残留一些农地空间，发展一些以林果业栽培为主的绿化，既为城市增添了绿色，增加了观赏景点，又改善了大城市的生态环境，提高了都市人的生活质量，自有其存在的价值。为了搞好都市农业中的绿化，日本先后出台了《生产绿地法》和《改正绿地法》，这些法规的出台，对保障三大都市圈内大城市都市农业的良好生态循环创造了条件，在增强水源涵养、防止沙土流失、促进城市氧化供应与大气净化以及保护野生鸟兽等方面都取得了明显进展。

3. 为市民提供休憩娱乐场所

为使市民在从事紧张劳动之余，能够得到休闲调整，日本各大城市都在市民集中居住地创建了自然休养村、开设了市民农园和农业公园，并开展评选优秀农业景观、举办农业节和农产品展评会，由此加强了生产者和消费者的相互交流和相互理解。市民通过参加各类农业活动，观赏农业风景，摆脱纷杂的都市喧哗，亲近自然、亲近农业，在大自然中休养身心，旅游休憩娱乐。都市农业提供的优美场所，已成为都市人生活中一个密不可分的组成部分。据民意调查，都市农业在为都市人提供休憩娱乐场所方面，发挥了以下几方面的作用：一是提高了土地的利用率；二是满足了都市人体验农业的需要；三是能够体验农业、了解农业、理解农业、发展农业；四是加强了市民与农民之间的交流；五是利用空余时间进行适当的劳作，有益于增强体质；六是为孩子们提供学农基地，可以了解农业知识，增强热爱农业的信心。

4. 为市民提供防灾御害的生存空间

由于城市土地少、人口多，各种建筑物毗邻相接，加之日本是个地震多发国家，因此如果在都市内不留部分农地，将给防灾御害带来很大的困难和问题。现有的镶嵌在城市社区内的农地可以增加空间，起到缓冲作用，防止大规模灾害的发生发展，通过隔离空间来减少损失。同时一旦发生灾害后，农地也可用作暂时避难所。如日

本阪神大地震后，残留在都市内的农地作为避难空地和缓冲带发挥了很大的作用，减少了损失。此外，城市的进一步开发，林地、绿地不断减少，各种保水机能和防洪能力相对减弱，现有的都市农地可以弥补因此带来的不足。

日本的有关农业专家认为，都市农业除了所具有的经济功能外，还有形成绿色空间、为城市市民提供休闲场所、保护国土环境、抗灾御害、社会人文科学教育等功能，其他所有功能都称之为公益功能。

从总体来看，公益功能的作用明显大于经济功能，且公益功能都是无偿向社会提供的。据日本农林水产省统计，如每年日本生产的稻米经济效益为 4 兆日元，而其公益功能发挥产生的效益为 12 兆日元。

（四）存在的问题及改进方案

不少日本专家与学者认为随着大城市的不断扩张，建设用地的继续扩大，都市农业面临农田被侵占、农产品被污染、农村年轻劳动力显著减少等问题。对此，近年来，日本政府和地方政府、民间团体研究出台了诸多建议对策，进行了有益的实践和探索，取得了一定的成效。

1. 制定法规，确保都市与农业长期共存

近年来，日本农村水产省及时调整农业发展战略，确定了“以攻为守”的日本农村新战略，目的是建立强有力的农村水产业和建设充满魅力及富有活力的新农村，主要对策措施是扩大需求、增加农产品附加值、提高规模降低成本和发挥农业的多功能性。2015 年，日本专门制定了《都市农业振兴基本法》，明确规定国家和地方政府在税收减免、培育新型农业经营者、确保都市农业农地等方面对划入市街化地区的都市农业采取相应的优惠政策措施，把农业规划放到城市规划中统一考虑，通过立法和规划，让农业作为城市的一个有机组成部分长期存在。着重抓好几点：一是对已划入保护范围的土地依法固定下来，提升农产品供给功能，加快培育新型农业经营者。二是研究制定有利于促进都市农业发展的税费政策措施。三是进一步发挥都市农业多功能性的作用，大力倡导发展集生产、流通、加工于一体的农业“6 次产业化”，通过产业融合发展，力争使一次产业实现价值连锁翻番。四是通过采用多种形式，增强全体国民对都市农业的理解和关心，继续发展以体验农业、亲近农业为宗旨的观光农园与市民公园。

2. 增加投入，扩大农业规模经营

要维持和发展都市农业，必须继续多渠道地筹集资金，增加对农业的投入，并

进一步向专业化、区域化、社会化发展，因而对现有的零星农业必须使土地有计划地向种田能手集中，提高其规模效率。通过新建农地中间托管机构，将分散、零星的土地扩大为成片成规模的农地（全国户均经营 1 hm^2），进一步提高劳动生产率。引导农业经营形态呈现多样化，增加农业组织经营主体数量，提高农业法人化的比重（2015 年占 59%）。

3. 加强培养，造就新型农业经营者

为缓解农业后继无人的难题，采取综合措施，培养与造就一批优秀的农业骨干：一是设定确保都市农业继承者的专业基金会，以培育农业骨干、提高务农者劳动素质。为吸收农外人员从事农业，日本组织实施为期 1 ~ 2 年的农业实习培训补助计划，每人每年补贴 150 万日元。如通过审定正式从事农业生产经营的，5 年内每人每年政府补贴 150 万日元。二是为女性充分发挥能力和开展活动创造必要的条件。三是重点投资，注重培养复合型人才。

（五）案例 1：品尝肥牛大喊大叫大会

大分县的“丰后牛”是日本有名的食用肉牛品种之一，据称其肥嫩的口感堪称世界一流，价格很贵，产量很少。而汤布院是日本闻名的温泉胜地，几十年以前周边也有很多农家饲养耕牛，但随着农业机械化的普及，耕牛已经越来越少。到了 20 世纪 70 年代初，为了有效利用原来饲养耕牛留下来的大片草地，当地人自发开展了“一头牛牧场”运动。他们以 20 万日元为一个认养单位，以居住在大都市的居民为对象，开展了认养肉牛的活动。他们以当地的特色产品作为利息每年寄给认养肉牛的主人。

后来，从 1976 年开始，这种认养活动发展为每年一度举办“品尝肥牛大喊大叫大会”。即每年秋天，饲养肉牛的农家邀请认养肉牛的主人（可以带小孩，别的人也可以参加，全部实行人数限定收费制）到牧场来欢聚，现场烧烤品尝肉牛，酒足饭饱之后，再根据抽签选出 100 人依次向着蓝天在噪声测定器跟前大喊大叫，把自己平常不敢、不愿说的一些心愿、牢骚、不满等喊出来。根据噪声大小、喊叫的内容是否独特有趣等评选优胜者，发给奖品。凡聚会参与者都可以通过抽奖获得奖品，奖品都是大家喜欢的当地产葡萄酒、调味品、大米、烧酒以及当地的酒店住宿打折券等实用的东西，活动持续一周左右。这样的活动受到了城乡居民的欢迎，通过这样的活动，不仅振兴了当地的畜产业，使闲置的草地得到了再利用，同时也促进了旅游业，使都市居民能够有机会与乡村居民进行面对面的交流、亲近自然，还给了都市居民们一个宣泄紧张情绪的机会。

（六）案例 2：兵库县八千代区住宿型市民农园

在日本，自 1993 年开始到现在已经有大约 50 家市民农园，共计有 1 000 块地，租用者随着“乡村生活热”的扩散而日渐增多，兵库县多可町八千代区是日本市民农园的先驱者。

八千代区（原八千代镇）位于神户市东北约 45 km 处，从神户市驱车 1.5 h、大阪市驱车 2 h 左右可达。该地区没有什么有名的观光资源，他们充分利用了靠近京都、大阪、神户几个大城市近郊的优越地理位置，以“创造文化氛围浓郁的美丽山村”为目标，利用山间沟谷等闲置农地，于 1993 年设立住宿型“八千代市民农园”，2002 年又设立了自由区划住宿型“大家市民农园”，后再设立了“大和市民农园”。

前两个市民农园共计有 80 块地，每块地 160 ~ 300 m^2，其中农园面积 120 m^2。“八千代市民农园”中还设有豆腐加工体验设施以及野营地，为深入开展城乡交流，每年还举办“紫云英节”“萤火虫节”“收获祭典”等活动。政府为配合市民农园吸引更多都市居民，制定了《全镇公园化条例》，全力推进全镇公园化建设，使居住环境得到了明显改善。

这种住宿型市民农园，与一般的市民农园不同的是带住宿设施，住宿设施里有厨房、卫生间，租用者每周可以数次往返，也可以住下来安心享受农业劳动的乐趣。租用市民农园的前提条件，一是每月至少到农园待 4 天以上；二是必须参与除草等共同劳动。住宿型市民农园极受欢迎，3 个农园合计 110 栋住宿设施都已经满员，还有 130 个家庭预约等候空房，租用者平均年龄 60 岁，大多来自大阪、神户市。该镇与神户市的商店街协会建立了交流关系，在大阪市的窗口式直销店也设立了摊位，销售市民农园种植的蔬菜。自兴建市民农园之后，到访八千代的外地客人逐年增加，该地区现有人口 6 000 多人，年接待外地来访者 31 万人次，经济波及效果达到 12 亿日元，还创造了包括老年人、妇女在内 160 余人的雇佣岗位。

（七）案例 3：越后妻有大地艺术节

新潟县越后妻有地区（又称“十日町广域地区”）地处新潟县南部，包括 1 市 1 村 4 镇。为扩大城乡交流、增进外界对该地区的了解、搞活地方经济，1996 年，该地区的 6 个市镇村联合制定了以“艺术”为突破口的“十日町地区理想乡村建设计划——建立越后妻有地区艺术圈构想”，该构想由举办“大地艺术节”、大自然体验交流文化设施（舞台）整备、修建“鲜花之路”、发现越后妻有8万民众的优点4个项目组成，其中，每三年举办一届“大地艺术节”是重中之重。

大地艺术节是指将6个市镇村共计762 km^2的大地视为美术馆，当地居民与国内外来访的客人在这个没有屋顶也没有墙壁的美术馆里一边欣赏将大自然中的青山、梯田、森林以及当地风土、历史融为一体而创作的大地艺术作品一边进行交流的活动。艺术节期间，广场、散步游道、小溪等都被当作一件一件的艺术作品而创造制作，这样，每举办一届艺术节，这些艺术作品作为当地人民的财富就增加一些并被保存下来。艺术节期间，还同时举办地球环境研讨会、美术建筑夏令营、艺术剧场（演剧、舞蹈、音乐会）等活动。2000年的第一届从7—9月，历时53天，来自32个国家艺术家的148件作品参加艺术节展示，到访观众达到163 000人；2003年的第二届历时50天，除了展示以大地为舞台创作的艺术作品之外，第二届艺术节还收到并放映了国外参展的电视短片作品，建成了由世界著名建筑家参与设计的3个交流设施，到访观众达到了205 000人，比第一届大幅增加。

据艺术节组委会统计，两届艺术节的经济波及效果（建设投资和消费支出），第一届为127亿日元，第二届达到了188亿日元。当然，艺术节不仅在促进当地经济发展方面显现了很强的波及效果，同时也促进了越后妻有地区的乡村面貌改变、国内、国际知名度提升以及城乡交流。

三、法国巴黎都市农业发展

法国曾是欧洲传统农业大国，素有“欧洲中国”之称。第二次世界大战后，经过半个多世纪的乡村振兴实践，目前已成为世界现代农业大国，同时也是世界乡村旅游的主要流入国。据统计，法国粮食产量常年占全欧洲粮食产量的1/3，农副产品出口居世界第一，占世界市场的11%；每年有3 700万的游客来法国乡村旅游，乡村旅游收入近237亿欧元。

巴黎作为法国的首都，其市郊乡村的振兴和发展很具代表性，目前巴黎市郊乡村整体上呈现出服务设施便捷、农业功能多样、生态环境优越、乡村文化突显等特点。同时，巴黎与北京功能形态类似，是兼具政治、经济、文化、国家交往等多功能于一身的单城复合型首都。

（一）基本概况

巴黎自古以来便是法国农业建设的核心地带，并且其农业发展一直围绕着巴黎城市居民的需求。1934年，第一版大巴黎城市发展规划提出保留地势较高的农业用地；到了20世纪60年代，巴黎市郊农业政策开始强调规模效应，实行小型家庭农业的合并，使得农场数目减少且规模不断扩大。

20世纪70年代之后，生态环境成为大巴黎地区的核心议题，更强调生态农业及保护城市郊区农业空间以提供丰富的城市周边地景。20世纪90年代以后，更加注重与巴黎市区临近的都市农业的发展，2014年的《大巴黎2030计划》中，将都市农业作为促进城乡融合、加强景观与环境的连续性、为都市人群提供多种休闲服务功能的重要载体。巴黎大区都市农业的实践发展也推动了国家层面在2016年出台了《都市农业操作引导手册》。

（二）主要特点

1. 自上而下政策推动的生态农业发展

1976年的《大巴黎城市发展规划》中就提出了“生态农业”的概念，是巴黎市郊传统农业向生态农业转型的起点。20世纪80年代，法国政府先后制定生态农业标签的技术指标、生态农业法律和生态农业长期发展规划。目前，国家层面已经形成了以原产地证明、欧盟原产地证明为重点，包括产品传统特征保证、受保护的地域标识、有机农产品、农业质量标签等一套完善的质量标准体系，在政策层面为巴黎市郊生态农业发展提供了保障和支撑。巴黎大区政府出台多项措施鼓励绿色生态农业发展，例如，设立绿色未来基金、对从非绿色农业向绿色农业转变的农户提供免税等优惠待遇、强制要求所有食堂和餐厅中至少20%为绿色食品等等。此外，欧盟农业共同政策规定的“30%的农业补助资金用于鼓励绿色种植”，以及“鼓励多样化间种、轮作、离水源5 m之内不能耕种”等细化的规定，也对巴黎市郊生态农业的发展起到了积极的作用。

2. 自下而上实践引导的都市农业发展

巴黎大区的都市农业最初以供需为目的，为市民提供新鲜、卫生的农产品。逐渐地，都市农业也因市民在休闲、社交、教育和公共活动等方面的需求而变得功能多样。目前，巴黎大区都市农业兼具生产、生态、生活、示范、教育等多重功能。家庭农园是巴黎都市农业的核心载体，主要向市民提供休闲体验活动。家庭农园一般设在距市区较近，交通、停车都便利的地方。租种农园的市民，需要加入家庭农园协会，缴纳入会费，并按面积交租金；如需委托农园主代为耕作，还需要另付费用。社区和大型企事业单位都是都市农业项目的重要客户群体，都市农业既能满足他们农产品供应的需求，也能供他们进行内部使用，进行社会文化交往和定期举办娱乐休闲互动。此外，以教育功能为主的都市农业也广泛受到市民、青少年和儿童的关注。这类项目一般由政府、高校作为经营主体，很多是学校的附属农园，兼具实验功能，通过组织会议、演示、课程培训、科普学习等为市民提供农业知识和休闲场所。

3. 行业协会及相关组织起到了很大的助推作用

巴黎大区的园艺组织、家庭农园协会很早就开始实践建设社区服务型都市农业，主要针对社区进行农产品直供，为其提供休闲社交场所。在 2005 年左右，巴黎大区民间自发形成的 12 个农业协作组织，后被政府命名为“都市农业项目”。2007 年成立的都市农业发展与支持组织，是巴黎大区都市农业项目引导的重要机构。2014 年，该组织建立了都市农业与生物多样性工作营，对巴黎市郊都市农业项目进行登记和监测，对不同类型的都市农业进行分类规范管理，并为项目运营主体提供技术支持和交流平台。在此基础上，该组织在促进政府政策形成，措施颁布和引导都市农业发展上发挥了重要作用。

4. 注重文化元素

法国既是农业大国也是文化大国，巴黎乡村文化即为在农耕文明基础上对“地方精神”的诠释。19 世纪 70 年代起，乡村文化发展开始得到重视，通过对当地文化的挖掘和特色的彰显，从促进旅游业态发展推动产业转型、保护乡村特色景观与文化遗产、促进城乡互动和社会融合等方面积极推动乡村复兴，最终实现乡村吸引力的提升和对乡村文化保护传承的反哺。

5. 历史遗存与自然村落的保护

巴黎大区科学合理地开发乡村地区周边的古堡、古城等历史文物遗迹，如塞纳 – 马恩省的枫丹白露城堡、维孔宫城堡、尚叙尔马恩城堡，以及普罗万（Provins）等中世纪古城，精心保护古老的堡垒、塔楼和地下城等建筑风貌，推动普罗万中世纪主题文化项目等活动。建立自然保护区，在保护自然遗产的同时保护传统自然村落，乡村的建筑风格、空间布局和整体氛围沿袭着独特的历史，在整体上保持了传统建筑特征和乡村人文特征相融合的村庄形态布局与建筑风格，并且提炼庄园文化、教堂文化等农村独具、农民认同、值得继承和弘扬的地域文化元素，将其应用到农民的生产生活和特色田园乡村建设中。

6. 文化意向的挖掘和传承

发展乡土色彩和地方特色浓厚的乡村非物质文化，提高农民自我身份的认同感，促进农民致力于农产品生产、加工工艺的传承，特别是传统技艺和家族特色的传承。

搭建民谣农谚、传统手工绝活、民俗节庆等展示平台，不断加强民间技艺、村风民俗、农耕文明的保护和利用，在“手工业企业装备奖金”激励下全面恢复地方手工业。此外，法国印象画派留存的艺术历史文化资源，在巴黎乡村地区得到长期彰显，郊区的巴比松、奥维尔、阿让特伊、蓬图瓦兹、莫雷等作为印象画家群聚绘画的地点，留下了厚重的文化印记，各村镇通过修建画家雕像和纪念碑，以及保留和修复当时画作场景等方式传承独具法兰西文艺风情的浪漫文化。

（三）政策保障

文化政策从第二次世界大战后乡村发展初期的相对缺失，逐渐融入乡村整治规划等公共政策，之后从单一的物质文化遗产保护发展为集文化设施完善、文化遗产保护、人文景观规划、文化项目开发为一体的乡村文化战略，在满足乡村地区多元化文化诉求的基础上突出乡村特性。例如，《农业指导法》和《农业指导补充法》在区域自然公园内划定乡村历史建筑和文化遗产保护区，并进行专项拨款支持，同时实施“乡村文化路线”保护，制定乡村小遗产的识别、保护和价值提升指导手册；《领土规划与发展指导法》以法律形式指明了乡村复兴区的文化战略，引导和培育“以人为本”的乡村特色文化项目，包括发布地方政策鼓励艺术家到乡村发展文化事业、举办音乐节、与民间协会和专业公司合作运作乡村文化项目等；在村镇和乡村地区建立“建筑、城市与景观遗产保护区”，注重挖掘历史文化村镇内乡土特色的构成要素，结合当地历史背景塑造特色文化意向，对乡村地区传统民居的维护修缮提供经费资助；以“国土整治干预基金”和“乡村开发整治干预基金”等国家资助方式，补贴乡村文化遗产保护等小型项目。

巴黎乡村旅游经过几十年的实践和探索，已经形成了较为完善的经营管理模式和相对成熟的行业标准规范。巴黎乡村旅游的发展离不开法国政府在法律法规和财政层面的大力支持，法国乡村旅游一直在政府主导下发展。

1962 年，法国政府颁布《马尔罗法》，确立了保护历史街区的新概念，保护区内的土地使用、规划设计受到管制，相关变动都要受到地方委员会和指定法国建筑师的监管。1974 年，法国政府颁布《质量宪章》，其中明确了民宿的住宅质量、服务质量和周围环境的相关规定及标准。同时“法国家庭农舍”品牌机构也对民宿发展起到很大作用，制定了“一枝麦穗”至“五枝麦穗”的评定等级，为游客的选择提供参考。按照评定等级规定，达到“三枝麦穗”标准且连续 10 年每年开放 6 个月的民宿，其修缮金额的 10%~30% 可以得到政府补贴。

巴黎乡村旅游产品注重本土性和特色性。在组织层面，农会常设委员会制定了严格的乡村旅游管理条例，用以促进本土农产品直销和特色化经营。在个体层面，巴黎农民充分挖掘当地资源特色，打造本土体验产品。例如，农庄餐饮必须使用当地生产的农产品，必须使用当地的烹饪方法，必须使用当地代表性材质的餐具。

巴黎乡村旅游拥有完善的营销体系。巴黎乡村旅游针对目标市场对本土的旅游产品进行推广，一般通过以下两个渠道：一是通过建设自己的网站，利用报纸、杂志等方式进行营销，并与旅行社开展合作，来扩大基础客流量；二是注重与已有客户的沟通交流，通过会员制和高品质的服务留住客户。

人才培养：广泛开展职业培训，建立严格的执业资格管理体系。在国家层面，法国设立了严格的农民职业准入条件，要求农民必须取得职业教育的合格证书后，才具有经营农业的资格，才能享受国家补贴和优惠贷款。而在巴黎大区，农业高等院校和中等技校都有为农业工人、农业技师、农业科研人员开设的培养课程。这些学校都有自己的实验基地，很多与农场建有直接联系，重视农业实践能力的培养。同时，院校经常承担短期高等农业技术教育培训任务，根据合作社、农场和企业需求确定培训内容。

基础设施：统筹配置，促进城乡一体化发展。巴黎乡村基础设施的建设，为改善农民的生产生活条件、缩小城乡差距打下了良好基础，而且保持了原有乡村景观，为后期增多的返乡人流和半城市化现象提供了条件。巴黎乡村在交通、垃圾处理、污水处理和水电网等基础设施建设上基本实现了城乡一体化。轨道交通以巴黎为中心向乡村地区延伸，公交线路已覆盖大部分乡村地区，城乡之间拥有 16 条地铁线路，连接绝大部分乡村节点，实现城乡交通一体化。巴黎乡村垃圾治理同市区一致，采取生活垃圾共同管理、服务外包手段，与城镇集团签订协议，并成立垃圾管理分公司，政府对垃圾处理设施进行 25% ~ 40% 的资助。巴黎乡村污水处理能力也满足欧盟要求，下水道与蓄水池于 2001 年已覆盖近郊区，并不断向远郊区延伸，维护工人和专业设备配备完善，使用地理信息系统等现代技术进行管理维护，并已增加雨水收集和利用功能。乡村地区自来水集中供应也达到 99%。

四、美国都市农业发展

美国城市用地占其国土面积不到 3%，与农业用地面积相比微乎其微，但都市农业因生产、消费条件便利，健康、环境效应良好，受到越来越多人的关注。多年来，美国都市农业起伏发展，涌现出社区农园、都市农场、教育农园等多种形式，收到了良好的经济效益、社会效益和生态效益。

（一）发展历程

纵观美国都市农业发展，其历程与美国宏观经济发展、工业化和城市化进程密切相关，既有过持续高速增长，也有过明显回落，最终从 20 世纪 70 年代开始稳定发展，可大致分为 4 个时期。①萌芽时期（20 世纪前后）：19 世纪末，底特律政府为缓解金融危机，统一协调配置闲置土地，推行了“马铃薯片计划”，这是美国都市农业的萌芽；20 世纪初，部分城市大力发展教育农园。利用农业弥补工业化社会造成的社会、生态损害，保护城市中的农村文化，形成了美国都市农业的雏形。②快速发展时期（两次世界大战和“大萧条”时期）。这阶段为满足城市居民自用和战时需要，芝加哥、波特兰等城市先后发展了自由农园、救济农园和胜利农园 3 种都市农业形式，它们为发展社区农园建立了深厚的社会基础，并促进了都市农业在深度和广度上实现较大的跨越。③衰退时期（20 世纪 50—70 年代）。第二次世界大战后，美国城市建设重心转移至经济，农业也开始由机械化向产业化发展，农产品数量充足甚至过剩，对都市农业需求减弱，西雅图、芝加哥等城市的都市农业开始由战时的公民责任义务向个人的休闲娱乐行为转型，农园数量锐减，发展规模缩小。④稳定发展时期（20 世纪 70 年代至今）。这一阶段城市化、工业化的弊端日益显现，城市居民对传统农业生活的怀念以及对农业多功能性的认识不断加深，自发将大量城市废弃土地改建为新型社区农园，社区农园是都市农业的重要模式。同时，政府推行了一系列支持都市农业发展的法案、计划（如农业部的 MGP、CETA、UGP，以及各地区、城市制订的区域建设计划等）支持都市农业的发展，都市农业规模也不断扩大，内涵不断丰富，逐渐发展成为集农业生产、休闲娱乐、示范教育、生态保障等多种功能于一体的多元化可持续农业产业形式。

（二）纽约都市农业

纽约位于美国东海岸，是美国第一大城市，经济发达，人口稠密，地价高昂，当地政府一直十分鼓励都市农业的发展。1976 年纽约开始建立社区农园，社区农园的数量最多时达 700 个，这是纽约都市农业快速发展时期。1993 年后，城市房地产热潮兴起，大量社区农园土地被征用，数量锐减，发展受阻。近年来，由于社会与环境发展严重不平衡，人们开始重新重视都市农业，事务委员会重视“本地食物”在城市内的发展，政府也发布一系列推进政策，都市农业再次得到发展，范围扩大，形式也逐渐趋于多样化。

主要模式及发展方向：纽约都市农业发展具有精细化和集约化等突出特点，在扩大农业经济功能的同时，还兼顾生态、文化、教育等功能。纽约都市农业主要包括社区农园、市民农园、商业农场等模式。社区农园一般种植面积较小、品种较单一，社区居民志愿开展农作物的播种、施肥、浇水等种植活动，共享农产品；教育农园也是纽约的一种重要模式；市民农园是由农民和市民共同生产经营的一种形式，农民提供耕地和种植管理技术，城市市民提供资金并参与耕作，农产品归市民所有，满足了市民对优质、低价农产品的需求，同时降低了农民生产成本和风险。

社区支持农业是市民农园的一种重要方式，纽约已经建立了约600个，此外，纽约还至少有24个蔬菜农场，它们在一定程度上满足了纽约市民的需求。作为世界级大都市，纽约可用于发展农业的空间十分有限，但得益于现代生物、建筑等技术，垂直农业已成为纽约都市农业发展的重要方向。垂直农业包括屋顶农场、温室农场、立体农场等多种形式，通过滴灌、无土栽培和水培等方法种植农作物，不仅能提高空间利用率，克服土地资源短缺制约，有效解决传统灌溉方式水资源浪费问题，规避旱涝等自然灾害，减少化肥、农药使用，还能在适宜的温湿度、光照环境中不断茬，实现农产品绿色、安全、卫生、高效的生产，现有的布鲁克林农场、海军码头农场的商业性、环保性都极强。

（三）底特律都市农业

底特律自然环境优越，气候温和、土地肥沃，是都市农业发展最早的城市之一，但它与纽约主动发展都市农业不同，它的发展与外部因素（如城市产业变迁）密切相关，过程稍显被动且波折。19世纪90年代，底特律为应对食物短缺开展了“马铃薯片计划”，有效缓解了饥饿，增加了收入，是美国都市农业的雏形。20世纪初至60年代，底特律城市化和工业化进程加快，成为著名的“汽车城”，农业受工业发展的影响很大，社区农园数量大幅下降，都市农业急速衰败。20世纪60年代之后，底特律汽车产业受石油危机和外国同行业的双重挤压，经济持续下滑，城市环境稳定性变差，食物的质量和数量也令人担忧，但是工业的衰败给农业的发展重新带来了机遇。近10年来，为改变窘迫的现状，底特律市民开始自下而上地发展都市农业，市民自发种植并交换农产品，交流种植经验，共同研究延长食物保鲜期的新型“食物分配系统”，已能够为居民分别提供31%、17%的优质蔬菜、水果，城市的经济实力、食物安全状况得到显著改善。政府也颁布了一系列支持政策、法律法规。2009年底特律创建了政策委员会，目的是研究都市农业在本地如何更好的发展。2013年议会通过了第一个农业分区法规，确定了都市农业是合法使用土地的，并制定了相关标准。底特律现处于经济转型中，已将重心重新定位到农业发展上。特别是底特律2013年正式宣布破产，更坚定了底特律市民用农业复兴城市道路的信念。

主要模式及发展方向：社区农园、农业公园、商业农场是底特律都市农业的主要模式。社区农园是发展都市农业的基础模式，为底特律居民提供了大量的新鲜、安全的农产品；农业公园是具有综合性功能的公共空间，它的代表性项目是拉斐特绿地，由植物栽培床、生态湿地、薰衣草长廊、儿童乐园等多种主题场所组成，不仅满足市民休闲娱乐的需求，还能向市民普及农业知识；商业农场在底特律分布众多，以小型农场为主，还未形成规模化的大型农场，2010 年底特律的 1 200 家农场产出 160 t 以上的蔬菜和水果，在一定程度上满足了市民对新鲜蔬果的需求，且数量在持续增加。

底特律都市农业的发展不仅有先天的自然环境条件支持，还有完善的基础设施（如交通运输网络、灌溉系统等），未来的发展方向首先是通过提高科技投入，结合先进的现代化农业技术，形成规模化生产，重新赋予土地生产使用价值，为市民创造经济效益。其次，底特律大力开发、建设大型商业农场，建立高效的都市农业体系，增强都市农业向周围城市的辐射能力，满足自身食物需求，同时满足周边城市对新鲜农产品及其附属品的需求，推动都市农业产业化发展。

典型案例：2010 年，美国底特律历史悠久的拉斐特大厦拆迁完毕，取而代之的是这个拥有 1 720 m^2 面积的城市花园。拉斐特绿地位于底特律商业区，距离康普科纬迅全球总部两个街区，毗邻底特律联邦大楼与威斯汀凯迪拉克大酒店，是繁华街区一处夺目的美丽景象。拉斐特大厦的拆迁曾让当地居民倍感失落，但同时也给予他们憧憬未来的希望。通过公私多方的协力合作，拉斐特绿地面世，从而使这块空地得到有效的利用。

最初，客户向园林设计师提出了一个传统的社区花园概念，里面置有高位栽培木，铺上树皮小道，并设置儿童园地。随着设计不断发展，拉斐特绿地项目几经优化，如今已包括：尽量使用永续材料，建造公共休闲空间，建设现实与未来的公共艺术项目，以及打造趣味教育儿童公园。设计师认真研究了项目花园与周边城市文脉的联系，发现尽管目前人们对城市农业的兴趣十分浓厚，但仍有不少人对城市农业是否适合城市与城市生活持疑问与保留态度。除了城市美学问题之外，还有环境问题、生产力与经济问题等，都需要得到妥善处理。而风景园林师的目的是让人们重新体会到，城市农业是怎样以一种特定的方式在城市中发挥作用的。在本项目中，具体是让拉斐特绿地成为一个纷呈的城市空间，一个富有成效的多功能公共空间、绿色空间以及社区空间。拉斐特绿地的总体设计是通过场地分析形成的。通过研究日照角度，将高位蔬菜栽培床设置成能够面向最佳日照的角度，这在高楼群立的环境下是至关重要的。由于公园的形状特别，行人过时需绕道或直接穿过方可。

公园还建造了一条宽敞的薰衣草长廊，行人穿过时，可以在长凳上休息，也可以进入公园探索超过200种的蔬菜、水果、草药与鲜花。由于附近的繁忙街道都没有设置室外座位，因此，为了舒缓路人的疲惫，拉斐特绿地园内安置了大量座位，同时也可以鼓励大家体验这个城市花园。由于薰衣草芳香具有镇静的效用，因而在园内建造薰衣草长廊可以增强公园在喧嚣环境中休养生息的功能。公园的几何空间充分体现了城市环境的结构秩序。结合建筑学、城市形态与农学来看，将长方钢质栽培床设计为成组排列，乍看起来仿佛显得工业化、无生机，但栽上植物，却显得自然十足，生机勃勃。

园内铺设的抗旱牛毛草草坪、高效灌溉系统，以及高位栽培床的可调滴灌管，使公园可以有效地节约用水。在材料再利用方面，公园用混凝石填充铁制箩筐，并以此作为生态湿地与公园的围边；利用人行道的碎块来作为铺路材料；用损坏的木门与回收的货板木作为公园的栅栏；并将食品铁筒用作儿童公园的种植盆。园内种有200多种植物，例如，蔬菜、草药、鲜花、天然水果树、葡萄树、草莓，还种有本土品种的矮草草甸与生态湿地等，为传粉昆虫提供了栖息地，增添了城市环境的多样性。

（四）波特兰都市农业

波特兰十分重视城市规划，其都市农业发展与城市规划相得益彰。20世纪之前，波特兰是美国传统农业工产区，但20世纪初移民大量涌入、城市工业化加速，严重挤压了农业发展空间；40年代（第二次世界大战期间），基于对食物的需求，波特兰都市农业经历了短暂的繁荣，但战后再次迅速衰落；70年代，波特兰开始制定并完善土地利用规划体系，并在1981年制订了城市增长边界计划（UGB），这在一定程度上塑造、推进了波特兰都市农业发展的进程。同时，市民的“本地食物”文化理念也越发浓厚，21世纪初赛维伍德社区农园在市民的努力下建成，政府认识到了市民对都市农业迫切的需求，开始寻求在高密度都市城内创造性发展都市农业的方法，波特兰现已成为都市农业的大本营，尤其是其东海岸附近。

主要模式及发展方向：波特兰城市空间密度很大，都市农业也以社区农园、市民农园、商业农场等模式为主。社区农园是各个城市都市农业最广泛的模式，波特兰已建立超过50个社区农园，但仍有大量的家庭在申请农耕空间；波特兰的市民农园主要以社区支持农业为主，它由社区建立固定渠道，用户提前支付给农民一个季度所需的蔬果等农产品费用；商业农场的典型代表是Zenger农场，它是私人企业租赁的公共土地，但租金不是现金，而是通过多种组织形式向当地的公立学校学生传授农业技能和农产品系统知识，具有社会实践的教育意义，这是波特兰城市具有创造性的都市农业方式，相当于波特兰的教育农园。此外，还有其他农场向难民移民提供农业教育，帮助他们谋生，同时减轻社会负担。

波特兰都市农业未来仍会在城市合理规划下有序进行着。首先，社区农园、市民农园、商业农场要持续发展、稳步推进。其次，加强绿色建筑建设，仅在 2010 年之前就已经有 111 个项目进行了绿色认证申请，未来要充分发挥屋顶农场等垂直农业在其中的应用。最后，食物政策委员会、城市农业规划部门以及其他相关部门从理论上都要为都市农业系统、精细化发展扩展思路继续发挥良好的作用。

第二节　国内非热带地区都市农业实践及启示

一、浙江宁波都市农业实践及启示

2013 年起，宁波市紧紧围绕建设绿色都市农业强市目标，深入推进农业供给侧结构性改革，充分发挥政府和市场的双重作用，按照“优质高效、特色精品、绿色生态、美丽田园、产业融合、健康养生”的要求，扎实推进绿色都市农业示范区建设。抓住发展机遇、集中资源要素，着力做强国家和省级农业园区，做精市级农业园区，做优县级农业园区和主体自建园区，集中打造现代农业发展大平台、新载体点。

（一）发展现状

结合省“12188”工程和宁波实际，到 2020 年，已全面完成宁波绿色都市农业示范区“152211”工程建设。建成农村一二三产业深度融合和生产生活生态统筹协调，规划布局美、产业融合深、主体活力强、绿色体系全、质量品牌优、农科结合紧、体制机制新、综合效益好的 10 余个省级现代农业园区，积极申报国家级现代农业园区，且每个现代农业园区内至少包含 1 个农业可持续发展示范园；建成主导产业强、生态环境美、农耕文化深、农旅融合紧的 20 个特色农业强镇；建成规划编制科学、产业集聚度高、运行机制健全、加工转化增值能力强、产业链比较完整、农业组织化程度高的 20 条年销售收入在 5 亿元以上的示范性农业全产业链；建成产业特色明显、设施设备先进、绿色生态循环、洁化彩化美化的 100 个多彩农业美丽田园示范基地；建成产业基础实、功能拓展广、经营服务优、农旅结合深的 100 个现代农业庄园。同时，通过串点成线打造一批以全线景区化为目标，集休闲、观光、体验、运动、旅游于一体，精致出彩的精品农业风景线。结合绿色都市农业示范区建设打造田园综合体，把绿色都市农业示范区打造成优质产品的主产区、宜居城市的后花园和可持续发展的样板区。

2017 年，慈溪市现代农业产业园成功入选第一批创建国家现代农业产业园名单；余姚市滨海省级现代农业园区、慈溪市省级现代农业园区、宁海县三门湾省级现代农业园区、象山县大塘港省级现代农业园区 4 个园区列入省级现代农业园区创建名单（包括 6 个可持续发展示范园）；鄞州区横溪林特水果特色农业强镇、鄞州区咸祥渔业特色农业强镇、余姚市临山葡萄特色农业强镇、慈溪市道林果蔬特色农业强镇、象山县新桥枇杷、南美白对虾特色农业强镇、象山县定塘柑橘特色农业强镇等 6 个镇列入省级特色农业强镇创建名单；海曙区蔺草产业全产业链、余姚市渔业全产业链、宁海县茶叶产业全产业链、象山县柑橘产业全产业链 4 条全产业链被认定为省级示范性农业全产业链。至此，宁波列入省级现代农业园区及特色农业强镇创建名单的分别为 4 个和 10 个，认定为省级示范性农业全产业链的有 8 条。开展多彩农业美丽田园示范基地及现代农业庄园认定备案，认定多彩农业美丽田园示范基地 20 个、现代农业庄园 23 个。

（二）都市农业打造经验

一是加快制定绿色都市示范区建设的实施意见和创建导则。深入调研绿色都市农业示范区建设情况，研究制定绿色都市示范区建设的实施意见，完善并出台宁波绿色都市农业示范区创建导则。根据各地资源禀赋和产业基础，抢抓发展机遇，集中资源要素，认真做好宁波绿色都市农业示范区规划布局和建设，突出亮点、以点串线、以线带片，集中打造现代农业发展大平台、新载体。

二是全面实施绿色都市农业示范区“152211”工程。按照现代农业有基础、产业发展有优势、建设管理有方案、实施主体有实力、政策资金有保障的“五有”要求，创建 15 个省级现代农业园区，并积极争创国家级农业园区；以地方特色产业为基础，农旅融合发展为主线，依托生态资源优势和历史文化内涵，积极创建省级特色农业强镇，加快发展休闲、创意农业，促进生产、消费、体验互动，实现“三生”有机融合和“三农”统筹发展；按照规划编制科学、产业集聚度高、运行机制健全、加工转化增值能力强、产业链比较完整、农业组织化程度高的要求，打造示范性农业全产业链；围绕产业特色明显、设施设备先进、生态绿色循环、洁化彩化美化，创建多彩农业美丽田园示范基地；以自然景观资源为依托，以特色农业为基础，积极建设一批现代农业庄园。

三是加快培育农产品精深加工领军企业。根据宁波现代农业建设的新要求和农业龙头企业发展的新情况，按照“扶强扶优，动态管理”的原则，调整完善宁波市级农业龙头企业监测管理办法及申报认定标准。结合“凤凰行动”宁波计划，引导农业龙头企业建立完善现代企业制度，推动农业企业规范发展，积极推荐申报省级、国家级农业龙头企业，鼓励企业上市，促使农业龙头企业真正成为引领行业发展的排头兵和现代农业发展的主力军。支持农业企业实施农产品加工设备改造提升和技术创新，引导鼓励农业企业转型升级，不断提高农产品加工业的核心竞争力和主要农产品的加工增值率，重点发展农产品初加工、精深加工、主食加工、副产物综合利用等。鼓励农业龙头企业主动融入绿色都市农业示范区“152211”工程建设，拓展农业休闲旅游功能，着力培育新业态、新动能。

四是加大农业招商引资。把招商引资作为绿色都市农业示范区建设的重要抓手，结合宁波创建“一带一路”综合试验区和港口经济圈的契机，多渠道宣传宁波的农业投资环境，认真编制农业招商引资项目，以绿色都市农业示范区为平台，大力开展农业领域招商引资，引进有实力、有技术、懂经营、会管理、有情怀的工商企业投资农业，以招商积蓄大力量，加快形成一批驱动高质量发展的“大引擎”，助推绿色都市农业示范区“152211”工程建设。同时加快推动宁波农业“走出去”，加强本地企业与国外的联系，牵线搭桥帮助企业开拓境外市场，组织企业参加境外食品展，扶持外向型农业企业，加强出口农产品生产示范基地建设。

五是提高精准服务水平。不断强化服务意识，加强对企业发展的动态关注，认真分析企业发展实时情况，深入研究企业发展困难。每半年开展一次农业龙头企业统计监测，每年编制农业龙头企业发展年鉴，编印农业龙头企业通讯录，充分利用“8718”平台，提高精准服务水平，帮助企业解决实际问题。主动与各有关部门的沟通联系，努力减轻企业各项负担，为金融机构与农业龙头企业的金融信贷、保险等对接牵线搭桥。

六是加强农产品市场营销。搭建农产品营销平台，搞好产销衔接，每年组织300家以上农业企业参加各类国内重大农业展会。大力开展特色农产品的推介活动，努力打造宁波名特优新农产品的知名度和美誉度。积极开展农批对接、农超对接、农社对接、定制配送，支持农业龙头企业加强储藏、运输和冷链设施建设。坚持“线上”与“线下”两条腿走路，引导企业加强与电商平台的对接和自建平台的建设，大力发展农产品电子商务，实施“电商换市”。

（三）都市农业保障措施

一是组建工作架构。市农业局按照"一名领导负责、一个专班运作、一名处长联络"的要求组建"高水平推进绿色都市农业示范区建设 加快培育一批农产品精深加工领军企业"三年攻坚行动工作架构，建立工作专班。市委农办、市供销社、市农科院、宁波杭州湾新区管委会、宁波国家高新区管委会、东钱湖旅游度假区管委会和各区县（市）等单位按照"一名负责领导、一名专班负责人和一名联络员"的要求，成立联络小组。工作架构主要负责搞好组织协调、方案制定、情况汇总、信息报送、督促考核等，各相关配合单位要加强协同配合，上下联动，点面结合，共同推动三年攻坚行动向纵深发展。

二是加大政策扶持。为鼓励和引导社会资本积极参与绿色都市农业示范区和田园综合体建设，市农业局、市财政局按照"大专项＋任务清单"的管理方式，选择绩效较好的绿色都市农业示范区和田园综合体进行以奖代补试点。奖补资金通过财政资金竞争性分配方式下达至区县（市），完成建设任务后由各地对建设主体实行"先建后补"。同时，积极研究相关配套政策，加大土地政策支持力度，优先安排建设用地指标，差别化落实设施农业用地政策，并在金融、保险等方面提供创新服务，提高要素保障水平。

三是加强指导宣传。市、县两级农业产业化工作领导小组要通过广播、电视、报刊和网络等方式加大对绿色都市农业示范区建设和市级农业龙头企业创建的宣传，指导开展省级现代农业园区的申报、建设、验收和绩效评价，对绿色都市农业示范区建设和市级农业龙头企业创建的条件、程序、标准和要求等做好指导等工作。

（四）案例：宁波都市农业园区

宁波都市农业园区位于宁波市洪塘镇，是国家级农业综合开发科技推广综合示范项目、浙江省首批 12 个现代农业示范园区之一，宁波市农业科技园区，规划总面积 15 000 亩①，由农业高新技术示范园区、苏湖休闲风景区、生态景观园和保国寺森林公园等"二区二园"四大部分组成。其中高新技术示范园区规划总面积 8 500 亩，主要由田园风光区、现代设施农业区、观光果园区、农产品加工区、农家乐园、垂钓娱乐中心、百花园、百鸟园、百果园、特种农业区以及科技风光带和沿河风光带两个游览风光带组成。苏湖休闲风景区规划总面积 3 500 亩，依托苏湖山庄、苏

① 1 亩≈ 667m^2，15 亩 =1hm^2，全书同。

湖水库山水优势，建设水上娱乐区、生态植物园、射击场、度假别墅区四大区块。保国寺森林公园规划总面积 2 000 亩，以全国首批重点文物保护单位保国寺为核心，以古建筑博览和浙东佛教文化为主题，力图达到佛教、建筑文化和生态园林的高度和谐，建成观光、休闲、度假于一体的地域特色明显的综合性森林公园。生态景观园规划总面积 1 000 亩，遵循生态经济规律，把环境保护、资源合理开发利用和高效生态产业发展有机结合起来，建成种苗繁育区、苗木生产区、花卉盆景区和苗木引种试验区。

近年来，园区紧紧依托省内外农业科研院所雄厚的科技力量，以都市休闲观光农业为发展方向，以现代农业开发为重点，大力加强农业高新技术的引进、示范和推广，走产 + 销一体化、农科游结合，经济、社会、生态效益协调统一的现代都市农业发展道路，充分展现了现代高科技农业综合示范和辐射带动作用，已成为宁波市及周边地区现代农业先进技术的引进示范和推广服务中心、绿色农产品生产基地、科普教育基地和都市农业休闲观光胜地。

一是实施科技项目,科技示范效应显著。几年来,园区先后组建农业研究所 5 家，建立农业技术试验研究中心 1 家，引进各类农业科技项目 40 余个，实施国家级农业综合开发项目 3 个，投入各类科技资金 5 000 万元。引进建立了中国（宁波）航天育种示范基地、蝴蝶兰高档花卉生产示范基地、国家级农业区试站、优质水果种试基地、獭兔良种繁育基地、异育银鲫提纯复壮基地等。引进农业先进适用和配套生产技术 37 项，推广总面积 23 200 亩，新品种 400 余个，推广面积 5 000 亩，辐射面积 15 000 亩，带动农户 500 户。

二是建设绿色农产品生产基地，实现农业产业化。建成以蝴蝶兰、观赏凤梨、君子兰、牡丹、非洲菊、铁炮百合为主的高档花卉生产基地 200 亩，建成以“洪塘牌”早熟蜜梨和优质葡萄为主的精品水果基地 500 亩，建成獭兔生产基地 2 个，建成蛋品加工基地 1 个，建成异育银鲫和南美白对虾生产基地 240 亩。年产各类高档花卉 200 万株（盆），优质水果 920 余吨，獭兔 9 万只，异育银鲫、南美白对虾 240 t，异育银鲫良种上千万尾。其中花卉生产基地搭建的 10 100 m^2 现代化环控智能温室和组培楼，可年产蝴蝶兰 30 万盆，成为设施国内一流、规模全省最大的蝴蝶兰花卉生产基地。

三是开展农业科普设施建设，促进农业科技的推广与普及。建成农业科技推广中心、宁波市青少年绿色学校和航天农业科技展览馆，成为国内外农业新技术、新品种、新设施和航天育种等农业高科技成果展示和培训中心。据统计，利用科普设施，举办各种形式的农业科普活动和培训，共组织和培训青少年学生 28 万多人次，受训农户达 10 万多人次。

四是开发休闲农业，带动旅游农业发展。按照农业观光旅游的要求，充分聚合和利用现有农业设施和生态资源，强化旅游设施建设，营建了亚热带休闲植物园、名优花卉展示、精品果蔬采摘、观光葡萄长廊、鸿塘假日度假村、堤塘烧烤、励志拓展和手工陶艺坊等特色农业旅游项目，吸引了大批市民和青少年学生前来参观旅游。同时，园区已委托国家发展和改革委员会旅游投资中心修编总体规划，将园区建成独具特色的综合性农业生态文化旅游景区，并对苏湖休闲风景区、葡萄长廊、农家乐及大棚休闲会所等项目进行策划。

二、北京都市农业实践及启示

（一）发展历程

中华人民共和国成立后北京的农业发展历程大致可以划分为 4 个阶段：生态经济导向的乡村农业（1983 年以前）、城郊农业（1983—1995 年）、都市型现代农业（1995—2005 年）和多功能的都市农业（2005 年以后）。功能由过去单一的生产功能，转变为集加工农业、生态保护、观光休闲等于一体的共同发展模式。近年来，北京市结合发展实际，围绕在奥运会前“人文北京、科技北京、绿色北京”的目标，尤其是大力发展包含都市农业在内的“绿色北京”建设，2010 年后，又提出了“建设中国特色世界城市”的目标，进一步深入开发农业的多功能性，探索出了一条具有北京特色的都市农业发展道路。

（二）发展特点

1. 观光休闲农业是都市农业主要发展类型之一

在北京都市农业发展过程中，观光休闲农业并不是发展最早的，但却是发展最快、最好的模式之一，深受北京市民喜欢，市场潜力巨大。从 20 世纪 90 年代起，北京市周边各式各样的观光休闲农业开始兴起，周边区县的采摘、钓鱼、农家乐的广告开始在北京的广播电视中频频出现，国家还把休闲产业列为我国国民经济新的增长点。它的发展一方面是因为在城市居民中不了解农业、不熟悉农村的人很多，希望到城市周边放松、休息的城市居民很多；另一方面是因为 2000 年以后，北京的城市化进程使得私家车猛增，而且在 20 世纪 90 年代中期又实行了双休日制度。这些都为观光休闲农业的发展提供了广阔的市场。近年来，北京的城市居民人均收入越来越高，精神消费在居民总消费中占的比例也越来越高，加之市区环境越来越差，雾霾天气越来越多，观光、休闲农业成为京城居民享受精神大餐、改善生活环境的重要场所。

2. 多种发展模式并存

北京在都市农业发展过程中，坚持两条腿走路，按照农业发展的多元化理论，在发展过程中结合各个区县、各街道乡镇、各村居的不同情况，发展不同功能的都市农业模式。例如，在和城市边缘以一定距离的平原地区，地势平阔，种植业本身就很发达，适合大型机械进行农场式的大面积集约化耕种作业，北京市就向高度机械化发展面向城市居民需求的耕种业。而在山区,有的村落自然、人文旅游资源丰富，当地政府就大力发展农业公园；有的山里空气清新，农田在山间交错，村落就散布在其间，当地就大力开发休闲农业；有的村落是农业技术高科技研发机构的聚集地，它们之间就加强合作，发展附加值高的科技农业。总之，北京形成了都市农业发展模式的多样化。

3. 高新技术的引入和人力资本的引进是其发展的重要动力

高新技术产业被列为首都经济发展的关键，是北京市新的经济增长点。北京市在吸引高素质创新和创业人才上，在推动高新技术成果转化以及培养扶持高新技术企业持续发展等方面制定了优惠政策，这些政策的实施对都市农业的发展起到了关键作用。高科技示范农业的兴起与发展，使得生产实践中越来越多地采用高新技术，积极地对高新技术吸纳和应用。近年来，北京都市农业充分发挥科技的优势，虽有问题，但也大大提高了生产效率和生产效益。

4. 发展符合国家以及北京市的政策导向

为适应国家“京津冀”发展战略，北京市联合天津、河北加强政府间区域性沟通合作，为都市农业发展创造良好的政务环境。天津、河北高度重视都市农业发展趋势，京津周边城乡正按照“同城化”发展思路，利用北京在资金、科技、人才、市场等方面的优势，主动加强与北京的沟通与合作，消除都市农业发展的体制和机制障碍；按照“错位”对接融合的构想，就圈内都市农业中长期战略及规划思路、区域发展政策、重大项目布局等进行沟通和交流。重点从决策层面加强京津冀区域间的协商、对话，制定共同的行政准则，为京津冀都市农业健康发展创造条件。

（三）案例 1：北京蟹岛休闲生态农庄

北京蟹岛休闲生态农庄位于北京市朝阳区金盏乡境内，紧临首都机场高速路，距离首都国际机场仅 7 km，是一个集生态农业与旅游观光为一体的大型项目。项目以生态农业为轴心，将种植业、养殖业、水产业、有机农业技术开发、农产品加工、销售、餐饮住宿、旅游会议等产业构建成为相互依存、相互转化、互为资源的完善的循环经济产业系统，成为一个环保、高效、和谐的经济生态园区。项目总占地面积 3 300 亩，包括大田种植区、蔬菜种植区、苗木花卉种植区、养殖区、休闲旅游服务区等功能区。

1. 项目的核心理念——销售绿色，生态、生产、生活“三生合一”

项目的发展目标是以开发、生产、加工、销售有机食品为本，以旅游度假为载体，建设集种植养殖、生物能源、田园观光于一体的绿色环保休闲观光农业项目。塑造“绿色的乡村生活”体验。

绿色环境：全球环境的恶化、自然资源的破坏，人们回归大自然的迫切需求不断提高，人们在物质生活丰富的同时其精神生活的品位也越来越高，尤其是都市居民，长期生活在喧闹的高楼大厦之间，他们向往大自然的宁静、农家小院的田园风情，崇尚自然生态美和人与自然的和谐统一，因此项目充分抓住处于亚健康消费者的真实需求，将充满自然生态的农业与休闲体验旅游相结合，打造充满绿色的生活体验。

绿色食品：在当前市场上，食品因大量施用化肥、农药而使质量下降，安全性得不到保障，绿色食品、有机食品受到人们的普遍欢迎，而项目在其农业种植区，严格按照生态农业（以有机质肥料、生物防治为主）、有机农业（不使用化肥、农药）的要求，以无公害的名、特、高、新、鲜结合特征的绿色蔬菜为主，全面开发绿色食品与有机食品，并形成自身的品牌，最终销售给消费者，在旅游与农业两方面同时获利。

2. 独特的经营模式，“前店后园”的空间布局

经营管理：各区分开管理，独立核算，循环利用。首先是农业区和旅游区分开管理、独立核算。饭店、酒店、商业聘请专门人士经营；农业区实行承包责任制；遵循了“以园养店、以店促园”的发展思路（表 3–1）。

表 3-1　前店后园发展思路

分区	要素	内容	体验
前店（旅游度假店：利润中心）	住宿区	标准间、商务套间、农家小院和“仿古”农庄	建筑风格保留了农村的“村容村貌”，装饰布局突出了京郊独有的风土人情，展现出了老北京住宅独有的民俗文化，提供农村、农民生活体验
	娱乐区	康体宫、蟹宫、宠物乐园、特种桥、城市海景水上乐园、水上人家	享受到更全面、更现代化的娱乐活动。垂钓、民俗表演、宠物表演、斗鸡、斗羊、骆驼骑乘、羊拉车、猪拉车、狗拉车。城市型休闲与乡村性娱乐相结合
	餐饮区	开饭楼、田禾源、蒙古宫	开饭楼的“有机食品”原汁、原味，突出一个“鲜”字，所有食品是绝对的无污染、纯天然，突出一个“绿”字
	购物区	农副食品专卖店、加工食品专卖店	有机食品粮、油、豆、林、果、菜、花等，猪牛羊、马驴骡、鸡鸭鹅等 10 余种家畜家禽及鱼蟹等 10 余种水产品，在保证饭店所需的肉、禽、蛋、奶供给的同时，进行规模化加工生产，已成功树立“蟹岛”有机食品品牌
后园（生态农业园：成本中心）	种植区	种类齐全的北方农作物、高科技温室大棚	农机站、农业场院、明渠、水车等观光项目。走进自然、接触有机农业、认识有机农业、享用有机食品，还能够在这儿亲身体验“农民”的生活乐趣
	养殖区	各种家畜家禽，生产、加工、销售“一条龙”	吃猪肉、见猪跑、体验乡村养殖、农产品加工等
	再生能源区	地热水系统、水循环系统、污水处理厂、沼气池构成园区生态链的心脏与血管	体验循环经济

3. 经验借鉴

项目理念特色：以开发、生产、加工、销售农产品为本，以旅游度假为载体，集生态、生产、生活——“三生”理念于一体的绿色环保休闲体验农业庄园项目。

项目功能布局特色：实现“前店后园”的功能布局，塑造大面积的绿色旅游环境，提供丰富的消费产品，店是消费场所，虽然规模有限，但为园的产品提供顾客，保证了农业与旅游的互补与融合。

项目规划设计特色：充分与乡村特有的自然生态风格融合，还原独特的乡村风味，让游客能够真正地脱离城市的束缚，充分投入对乡村生态、生产、生活的体验。

项目经营特色：通过“吃、住、玩、游、购”等方面全方位打造乡村体验，并通过“农”“游”两条渠道实现收益的叠加与放大；“前店”以专业人士和专业公司进行运营，保证运营的专业性以及收益，而“后园”则以承包责任制分配到个人，充分调动其生产积极性，并能使其充分参与到项目整体中，增加其收入。

（四）案例 2：小毛驴市民农园

位于北京西郊著名自然风景区凤凰岭山脚下，京密引水渠旁，占地 230 亩，柳林社区农园占地 180 亩，共 410 亩（图 3-2）。由国仁城乡（北京）科技发展中心团队负责运营管理，是北京市海淀区政府和中国人民大学共建的产学研基地。农园百亩耕地实现产值 300 万元（亩均产值 3 万元）、5 倍于农业常规产值，还有超过 300 家海内外媒体正面报道塑造千万的品牌价值，经济效益显著。CSA 市民成员已从 3 年前的 54 户增加到近 1 000 户；此外，3 年共接待包括各地政府官员和海内外团体 4 万多人次的参观、考察和学习；从体验农业的社会教育功能看，单位面积的社会参与度高，社会效益显著。

图 3-2 小毛驴市民农园平面示意图

1. 经营模式

在“小毛驴”的 CSA 模式中，消费者可以与“小毛驴”订购“配送份额”，每周收到一定量的新鲜农产品，可以配送到家、配送到取菜点，或是到农场来取；消费者也可以在“小毛驴”认养 30 m^2 的“劳动份额”菜地，自己耕种。除了间作、轮作、堆肥等有机种植方式外，“小毛驴”还引入发酵床养猪、自然养鸡等养殖方式，而麦麸等生产余料则用来洗碗、堆肥等，形成了“种植－堆肥－养殖”的生态循环系统。

营销理念：小毛驴市民农园通过构建多重信任体系和产品直销服务系统，打造“本地生产、本地消费”的产销共同体，将传统市场运作中被分割的生产者和消费者之间的纽带重新建立起来。

操作方法：成员在一个季节的种植之初，就预先支付下一季蔬菜份额的全部费用，农场则按照预定计划负责任地生产出健康的有机蔬菜和各种农产品，定期配送给成员家庭，并且保证蔬菜及农产品的健康与安全。生产过程产生的各种风险由双方共同承担；成员须不定期到农场参与劳动体验，并监督农场的生产；农场定期举办各种活动、编辑相关简报，给成员传达农场的动态信息，宣传环保有机的生活理念。

2. 销售方式

签订协议：消费者会预付生产费用与生产者共同承担在来年农业种植过程中可能会出现的风险并支持使用生态可持续的种植方式；劳动份额：自助劳动份额、托管劳动份额、家庭健康菜园；配送方式：包括农场取，取菜点取，配送到家，不同配送方式费用不同。

第四章　热带农业

第一节　热带概述

一、热带相关概念

（一）热带

热带，处于南北回归线之间的地带，地处赤道两侧，位于南北纬 23° 26′ 之间，占全球总面积 39.8%。

热带太阳高度终年很大，在两回归线之间的广大地区，一年有两次太阳直射现象，回归线上，一年内有一次太阳直射，而且，这里正午太阳高度终年较高，变化幅度不大，因此，这一地带终年能得到强烈的阳光照射，气候炎热，称为热带。赤道上终年昼夜等长，从赤道到南北回归线，昼夜长短变化的幅度逐渐增大。在回归线上，最长和最短的白昼相差 2 小时 50 分。由此可见，在热带范围内，天文现象的纬度差异是极小的。

（二）热带气候

热带气候最显著的特点是全年气温较高，全年平均温度大于 16℃，四季界限不明显，日温度变化大于年温度变化。

中国的雷州半岛、海南岛、云南省南部低地和台湾地区南部低地，均处于热带气候控制下，终年不见霜雪，到处都是郁郁葱葱的热带丛林，全年无寒冬。

热带地区由于高温多雨，为动植物的生长繁衍创造了极为有利的条件。许多珍贵的动植物都产于热带气候区内。宽广的热带雨林，是制造氧气、吸收二氧化碳的巨大绿色工厂，对于调节全球大气中的氧气和二氧化碳的含量具有非常重要的作用。

1. 气候特点

由于地表及降水的不同，热带气候又反映出不同的特点，有相对热季和凉季之分或雨季与干季之分。

赤道气候特点：从广义而言，也可将赤道气候归属于热带气候，赤道气候指赤道南北两侧 5° ～ 10° 区间的气候，年平均降水量为 1 000 ～ 3 000 mm，且降水分布比较均匀，年平均气温为 25 ～ 28℃，湿度较大，气象要素年度变化不显著。在赤道附近，常年湿润高温，多雷雨天气。在一天之中，天气的变化往往单调而富有规律性。清晨，天气晴朗，凉爽宜人，临近午间，天空中的积云强烈发展，变浓变厚，午后一二点钟，天空乌云密布，雷声隆隆，暴雨倾盆而下，降雨一直可以持续到黄昏。雨后，天气稍凉，但到第二天日出后又变得闷热。

这里虽然很热，但最热月份的平均气温并不太高，绝对最高气温很少超过38℃，最低气温很少低于 18℃。非洲刚果河流域和几内亚湾、南美的亚马孙河流域和印度尼西亚群岛属于赤道气候。

沙漠气候特点：在热带的沙漠地区，气候情况完全不同。在非洲北部的撒哈拉沙漠、西亚的阿拉伯沙漠和澳大利亚中部的大沙漠等地，全年干旱少雨，气温变化剧烈，日较差可达 50℃以上。

2. 气候类型

热带气候类型根据其特点，可分为以下几种类型。

（1）热带雨林气候　主要分布在赤道附近地区，全年高温多雨，且各月均匀。

（2）热带草原气候　主要分布在非洲和南美洲赤道雨林气候的南北两侧。终年高温，一年中有明显的干季和雨季（降水分干湿两季）。

（3）热带季风气候　以亚洲南部、东南部的印度半岛和中南半岛最为显著。这种气候终年高温，一年中也可以分为旱雨两季，风向随季节而变化。旱季，风从陆地吹向海洋，干旱少雨；雨季，风从海洋吹向陆地，降水集中。

（4）热带沙漠气候　主要分布在南北回归线附近的大陆西岸和内陆地区，这种气候降水量稀少，终年炎热干燥，地面有大片的沙漠。

（三）热带地区

热带地区（简称热区）包括热带和亚热带区域，是全球生物资源最丰富的地区。

1. 热带区域

南北回归线之间的地带，地处赤道两侧，位于南北纬 23° 26′ 之间，面积约 5 300 万 km^2，占全球 39.8%。

2. 亚热带区域

一般位于温带靠近热带的地区，该区域位于北纬 23.5° ～ 40°、南纬 23.5° ～ 40°。

（四）热带国家

地处热带地区的国家，统称为热带国家。全球 224 个国家和地区中超过一半（136 个）为热带亚热带国家和地区，热带地区虽然只占全球 40% 的人口，但有热带的国家却约居住了全球 2/3 的人口，70% 以上的 GDP。有些国家热带区域小，但亚热带和其他区域面积较大，如中国热带仅占国土 5%，热带和亚热带相加也就 20% 多一点；美国热带地区只有夏威夷等。在考虑市场影响力时，中美也算热带国家（表 4–1）。

表 4–1　热带国家

气候地带	国家名称	总量
热带	马来西亚、新加坡、印度尼西亚、文莱、斯里兰卡、马尔代夫、哥伦比亚、委内瑞拉、苏里南、厄瓜多尔、圭亚那、巴西、中非、喀麦隆、赤道几内亚、加蓬、刚果（布）、圣多美和普林西比、埃塞俄比亚、索马里、肯尼亚、乌干达、卢旺达、布隆迪、刚果民主共和国、南苏丹、坦桑尼亚、塞舌尔、所罗门群岛、瑙鲁、图瓦卢、基里巴斯、巴布亚新几内亚、帕劳、密克罗尼西亚联邦、马绍尔群岛	36 个
亚热带	越南、老挝、柬埔寨、泰国、菲律宾、东帝汶、也门、印度、缅甸、孟加拉国、沙特阿拉伯、阿拉伯联合酋长国、阿曼、卡塔尔、巴林、科威特、玻利维亚、秘鲁、乍得、厄立特里亚、吉布提、赞比亚、马拉维、津巴布韦、科摩罗、毛里求斯、安哥拉、毛里塔尼亚、苏丹、布基纳法索、尼日利亚、几内亚、几内亚比绍、冈比亚、塞拉里昂、利比里亚、加纳、多哥、贝宁、科特迪瓦、马里、尼日尔、佛得角、瓦努阿图、斐济、汤加、纽埃、萨摩亚、库克群岛、伯利兹、危地马拉、洪都拉斯、萨尔瓦多、尼加拉瓜、哥斯达黎加、巴拿马、古巴、牙买加、海地、多米尼加、安提瓜和巴布达、多米尼克、圣卢西亚、巴巴多斯、圣文森特和格林纳丁斯、格林纳达、特立尼达和多巴哥、巴拉圭、南非、博茨瓦纳、马达加斯加、莫桑比克、纳米比亚、斯威士兰、莱索托	75 个
非典型热带	中国、美国、以色列、约旦、伊拉克、叙利亚、黎巴嫩、塞浦路斯、尼泊尔、不丹、马耳他、智利、阿根廷、乌拉圭、利比亚、埃及、阿尔及利亚、西撒哈拉、摩洛哥、突尼斯、澳大利亚、墨西哥、巴哈马、西班牙、葡萄牙	25 个

说明：热带地区约占全球 GDP、人口、2 500 个民族、5 000 种文化、中药材资源的 70%。

（五）中国热区

我国的热带、南亚热带地区，简称中国热区。主要分布在海南、广东、广西、云南、福建、湖南省（区）南部及四川、贵州省南端的河谷地带和台湾地区，包括 267 个县市（未计入台湾地区的县市），面积约为 50 万 km^2，占国土面积的 5%，居住着 36 个民族，1.6 亿人口。

热区城市：中国能生产热带作物的城市超过 100 个地级市，约占全国的 1/3，占适宜人生存的国土面积约一半，其中农业农村部公示首批热区地级市为 46 个，而且均在泛珠三角地区，但从热带亚热带的划分来看，全国 334 个地级市，超过一半为热带城市，而且是中国的经济中心。

热作企业：据不完全统计，中国热区地级城市区域的企业生产与热带作物有关的或作为原料源的企业，超过了 5 万家，全国超过了 10 万家，如轮胎企业，全国就有 3 000 多家，而与橡胶关联的企业超过了 3 万家。

二、热带农业

热带农业：是指高温多雨、全年长夏无冬、水热资源丰富、植物生长繁茂的热带地区，以发展水稻、甘蔗等农作物和天然橡胶、椰子等多种热带经济作物、经济林木及热带水果为特色的农业。热带农业普遍具有作物生长季节长，种类及品种繁多，且富于热带性，四时宜农，水稻一年三熟，作物经济价值高等特点。

世界热带农业：主要集中分布于东南亚及南亚，南美洲的亚马孙河流域，非洲的刚果河流域及几内亚湾沿岸等地。因受社会经济、历史条件影响，上述地区除发展少数商品性热带种植园经济外，绝大部分地区仍以传统农业为主，部分地区尚处于原始农业形态。

中国热带农业：我国热区面积小，仅约 50 万 km^2，分布在海南、广东、广西、云南、贵州、四川、湖南、福建及台湾等省（区）。

在我国，热带农业具有重要地位。热区农民约 50% 的收入来源于热带经济作物；热区建有天然橡胶和糖料蔗两大国家战略物资生产基地；南繁基地承担全国 70% 的育种及原种扩繁任务，热带冬季瓜菜占全国瓜菜比重 70%，热带水果的种类、货架期等综合权重占全国 70%。热带农业不仅对中国热区的乡村振兴、民族团结、社会稳定有着十分重要的作用，而且还肩负着糖料、纤维、油料等特色热带农产品的有效供给，为国家提供天然橡胶等战略工业原料、新型生物能源和生物资源，担当起保障国家战略物资安全及特色农产品有效供给的重任。热带农业是我国与东南亚、非洲、拉美等国家开展农业合作交流的重要组成部分，是提升我国地缘政治影响力的重点领域和优势资源，与国家战略任务紧密相连。

第二节 热带作物

一、热带作物概念

经济作物：指为工业特别是为轻工业提供原料的作物。

热带作物，是指热带地区的栽培植物，是适于热带地区栽培的各类经济作物的总称。

二、生长环境

热带作物多起源于或长期栽种于热带，一般要求较高的热量条件；有些纯热带性植物如可可，要求年平均温度 24 ～ 28℃，月平均最低温度在 18℃以上，中国只有海南省南部几个县能栽种；面包果和榴梿需要 27℃以上的年平均温度才能生长良好；轻木需要 26℃以上的年平均温度，在海南省北部不能越冬；椰子要求的年平均温度为 23℃，只能在海南省种植，向北越过琼州海峡虽能生长，但果肉很薄，无经济价值。

有些热带作物对热量的要求有一定的可塑性，也可适应较高纬度的气候条件。如起源于巴西亚马孙河热带雨林的橡胶树经人工栽培后，在中国现已可扩种到北纬 24°的适宜地区；胡椒一般在纬度 20°以内生长结果良好，如改变利用花的时间，即改利用秋花为利用春花，则在中国海南省以北的湛江地区也能获得较高产量，但向较高纬度扩种的可能性有一定限度。即使在限度之内扩种，仍会在生长状况及产量上造成不同程度的差异。如橡胶树会延长达到开割标准所需要的年限、油棕会降低产量等。因而品种改良常是向较高纬度扩种必不可少的步骤。

三、栽培特点

热带作物一般具有多年生习性，生产上通常采取种植园方式。热带作物如橡胶树的自然寿命有百年以上，其芽接树的经济寿命也有 30 年；椰子的经济寿命可达 80 年以上；即使藤本的胡椒，其经济寿命也可达几十年；其他如龙舌兰麻、咖啡、可可以及许多热带果树和药材，也都属多年生。这种习性决定了它们都是一次栽种、多年收获，但初期都有一段较长的非生产期，如橡胶树的非生产期长达 6 年左右，椰子为 3 ～ 8 年，油棕、龙舌兰麻、胡椒等为 2 年。

由于种植后不宜轻易改种其他作物，且开始时的投资较大，因此，栽培时需选择较好的地理环境条件，避免自然灾害损失。为便于在育种、栽培上采取改良措施和就地进行初产品加工、提高经济效益，一般多用种植园方式栽种。如橡胶树的种植园面积有的达数十万亩以上，油棕、龙舌兰麻、咖啡等也类似。有的热带作物则采取分散种植方式，如胡椒。

总之，热带植物被驯化为栽培作物的时间一般不长。如橡胶树只是在100多年前从亚马孙河地区引种至新加坡等地之后才开始大面积栽种；油棕的栽培历史也较短，扎伊尔的油棕树大部分还处于半野生状态，因而对它们的研究有的还处于初级阶段。有些热带作物如椰子的栽培历史虽较长，但因其经济寿命长，育种和栽培管理等方面研究工作的难度较大。这种状况说明热带作物的开发利用还存在较大的潜力。

四、热带作物分类

热带作物资源种类多，具有食用、药用、观赏、工业加工等多种用途，被广泛运用于军工、化工、食品加工、医药、建筑等行业。按作物类型，热带作物可分为以下几类。

（一）热带经济作物

1. 大宗热带经济作物

主要有橡胶、木薯、甘蔗、椰子、槟榔、剑麻等。

2. 热带饮料、香辛料作物

主要有咖啡、可可、可拉、苦丁茶、鹧鸪茶、八角、肉桂、草果、花椒、香茅、依兰香、胡椒、香草兰等。

3. 热带花卉

主要有兰花、红掌、三角梅、绿萝等。

4. 热带水果

主要有香蕉、杧果、荔枝、龙眼、菠萝、莲雾、火龙果、百香果、油梨、澳洲坚果、腰果等。

5. 热带药用植物

有益智、砂仁、牛大力、巴戟、土沉香、艾纳香等。

6. 热带油料作物

主要有油茶、油棕、椰子等。

（二）热带冬季瓜菜

主要有西瓜、冬瓜、苦瓜、青瓜、黄秋葵、辣椒、树仔菜、豇豆等。

（三）热带牧草

主要包括柱花草、王草等。

（四）热带木本粮食

木薯、面包果、波罗蜜、冬季马铃薯、板栗、甘薯、热带水稻、热带玉米等。

五、发展概况

世界热带作物主要分布在终年高温、全年降水较多的东南亚热带季风和热带雨林气候区、非洲赤道附近的热带雨林气候区和南美洲赤道附近的亚马孙热带雨林地区。我国的台湾地区南部和海南省、云南省西双版纳及河口地区、两广南部、闽南沿海一带，均适宜热带作物生长。海南省是我国唯一全省属于热带的省份。

（一）世界热带作物

据联合国粮农组织（FAO）统计，全球土地总面积为130.64亿hm^2，其中，适宜种植热带作物的土地面积为5亿hm^2,仅占3.83%。世界主要热带作物有天然橡胶、油棕、椰子、木薯、胡椒、槟榔、香荚兰、咖啡、可可、香蕉、杧果、菠萝、番木瓜、油梨、腰果等。

据FAO统计，2013年全球主要热带作物收获面积、产量分别达到1.38亿hm^2、28.96亿t，多数作物产自亚洲地区，主产国主要是印度、中国、巴基斯坦和东盟十国；其次是美洲地区、非洲地区，主产国主要有巴西、尼日利亚、墨西哥和哥伦比亚；大洋洲仅占了极少份额。

（二）中国热带作物

据农业农村部统计，2018 年我国热带作物种植面积、产量、进出口及贸易情况如下。

1. 面积

2018 年，我国热带、南亚热带作物种植总面积 6 951.59 万亩。其中，广西 1 942.55 万亩，居第一位；云南 1 902.23 万亩，居第二位；广东 1 326.67 万亩，居第三位；海南 1 311.88 万亩，居第四位；福建 220.37 万亩；四川 190.95 万亩；贵州 62.73 万亩；湖南 12.13 万亩；西藏 0.08 万亩。

2. 产量

2018 年，我国热带作物总产量 3 182.18 万 t。其中，广东省 1 043.53 万 t，居第一位；广西 875.31 万 t，居第二位；云南省 435.02 万 t，居第三位；海南 384.03 万 t，居第四位；福建、四川、贵州、湖南、西藏分别为 351.75 万 t、58.09 万 t、25.77 万 t、8.62 万 t、0.06 万 t。

3. 总产值

2018 年，我国热带作物总产值为 1 493.56 亿元。其中，广东 433.43 亿元，居第一位；海南 373.09 亿元，居第二位；广西 294.79 亿元，第三位；云南省 198.88 亿元，居第四位；福建、四川、贵州、湖南、西藏分别为 130.26 亿元、47.99 亿元、13.53 亿元、1.53 亿元、0.06 亿元。

4. 进出口

2018 年，我国热带作物进出口贸易量为 2 361.19 万 t。其中，进口量 2 298.58 万 t，出口量 62.60 万 t。进出口贸易额 211.02 亿美元。其中，进口额 199.86 亿美元，出口额 11.16 亿美元。

5. 贸易情况

2018 年，我国热带作物贸易逆差 188.70 亿美元。进出口贸易额最大的产品是天然橡胶类，为 83.10 亿美元；进出口贸易量最大的产品是木薯类，为 680.72 万 t；贸易顺差最大的单品为未磨肉桂及肉桂花，为 1.15 亿美元，贸易顺差最大的单个作物产品是肉桂，已磨肉桂及肉桂花、其他不磨肉桂及肉桂花全部顺差，合计顺差 1.34 亿美元；贸易逆差最大的产品是天然橡胶类，为 81.93 亿美元。

截至 2018 年底，我国热区现有国家级龙头企业 280 家，省级龙头企业 601 家，专业合作社 31 201 个，农业农村部热作标准化生产示范园 365 个，农村居民人均可支配收入 13 419 元。

六、热带作物种质资源

（一）概念

1. 作物种质资源

作物种质资源又称作物品种资源、遗传资源、基因资源，它蕴藏在作物各类品种、品系、类型、野生种和近缘植物中，是改良农作物的基因来源。热带作物资源，是指生长生活在热带或亚热带区域的各种作物资源的总称。

2. 中国热带作物种质资源

中国热带作物种质资源（以下简称热作）是指分布于我国热带、南亚热带地区的作物种质资源。我国热区地形复杂多样、气候各异、光热水资源充足，有较为完整的生态环境，植被茂盛，植物种类繁多，具有独特的生物多样性和分布地域的不可替代性。我国热带、南亚热带作物资源种类多，约占全国植物种类的 1/3。

（二）热带作物种质资源的保存

我国热区已建成国家级热带植物种质资源库 1 座，即西双版纳植物园热带作物种质资源库，保存种子和微繁殖体，库体面积 144 m^2，总容量 15 万份。自 1997 年建成至今已保存热带、亚热带植物种质 7 200 份（116 科 412 属 755 种），另有未鉴定种质材料 1 151 份。收集的种类数量已占中国热带、亚热带种类的 10% 左右。

热带作物种质资源保存主要采用自然保存（原生境）和种质圃保存（非原生境）相结合的方法，采取何种保存途经主要取决于种质的生物学特性。

原生境保存是指在植物原来的生态环境中建立保护区或保护地，使重要作物野生种及野生近缘植物就地进行自我繁殖以保存种质。非原生境保存，是指种质保存于该植物原产地以外的地方，包括在低温种质库中保存种子体、在种质圃中的植株保存、在试管苗种质库中的组织培养物保存等。

1. 原生境保护

1956 年，我国建立第 1 个自然保护区——鼎湖山自然保护区，随后热区各省陆续建有自然保护区。例如，至 2013 年底，海南省已建各种类型、不同级别的自然保护区 157 个，总面积 282.53 万 hm^2，其中国家级自然保护区 20 个，省级自然保护区

38 个，市级自然保护区 56 个，县级自然保护区 43 个，主要分布在五指山、吊罗山、尖峰岭、鹦哥岭和霸王岭五大自然林区，保存了全岛 85% 以上热带植物种类。

2. 种质圃保存

由于热带作物大多数属于多年生或者无性繁殖作物，热带作物种质资源主要以活体保存为主。

为加强热带作物种质资源保护工作，提高种质资源保护水平，促进热带作物种质资源的开发利用，农业部（现农业农村部）分别于 2009 年、2012 年、2014 年分 4 批建设了热带作物种质资源圃 25 个，共保存数量 21 332 份（表 4–2）。此外，我国热区各省区科研单位和教学机构建有一定数量的热带作物种质资源圃和植物园，如广西农业科学院园艺所、云南农业科学院热区生态农业研究所、攀枝花市农林科学研究院、华南植物园即西双版纳热带植物园等。

表 4–2　农业农村部热带作物种质资源圃名单

序号	种质圃名称	承担单位	省份	批次
1	农业农村部儋州橡胶树种质资源圃	中国热带农业科学院橡胶研究所	海南	一
2	农业农村部景洪橡胶树种质资源圃	云南省热带作物科学研究所	云南	一
3	农业农村部瑞丽咖啡种质资源圃	云南省德宏热带农业科学研究所	云南	一
4	农业农村部福州龙眼种质资源圃	福建省农业科学院果树研究所	福建	一
5	农业农村部广州荔枝种质资源圃	广东省农业科学院果树研究所	广东	一
6	农业农村部广州香蕉种质资源圃	广东省农业科学院果树研究所	广东	一
7	农业农村部儋州杧果种质资源圃	中国热带农业科学院热带作物品种资源研究所	海南	一
8	农业农村部儋州木薯种质资源圃	中国热带农业科学院热带作物品种资源研究所	海南	一
9	农业农村部儋州热带牧草种质资源圃	中国热带农业科学院热带作物品种资源研究所	海南	一
10	农业农村部湛江剑麻种质资源圃	广东省湛江农垦科学研究所	广东	二
11	农业农村部湛江菠萝种质资源圃	中国热带农业科学院南亚热带作物研究所	广东	二
12	农业农村部广州番木瓜种质资源圃	广州市果树科学研究所	广东	二
13	农业农村部万宁胡椒种质资源圃	中国热带农业科学院香料饮料研究所	海南	二

续表

序号	种质圃名称	承担单位	省份	批次
14	农业农村部景洪澳洲坚果种质资源圃	云南省热带作物科学研究所	云南	二
15	农业农村部福州枇杷种质资源圃	福建省农业科学院果树研究所	福建	二
16	农业农村部儋州热带药用植物种质资源圃	中国热带农业科学院热带作物品种资源研究所	海南	二
17	农业农村部文昌椰子种质资源圃	中国热带农业科学院椰子研究所	海南	三
18	农业农村部乐东腰果种质资源圃	中国热带农业科学院热带作物品种资源研究所	海南	三
19	农业农村部海口波罗蜜种质资源圃	海南省农业科学院热带果树研究所	海南	三
20	农业农村部广州黄皮种质资源圃	广东省农业科学院果树研究所	广东	三
21	农业农村部瑞丽石斛种质资源圃	云南省德宏热带农业科学研究所	云南	三
22	农业农村部元谋罗望子种质资源圃	云南省农业科学院热区生态农业研究所	云南	三
23	农业农村部儋州油棕种质资源圃	中国热带农业科学院橡胶研究所	海南	四
24	农业农村部南宁火龙果种质资源圃	广西农业科学院园艺研究所	广西	四
25	农业农村部南宁番石榴种质资源圃	广西亚热带作物研究所	广西	四

第三节 我国热带农业及相关科研教学机构

一、我国热带农业主要研究领域

我国专业从事热带农业研发配套技术的国际科研机构为农业农村部直属公益事业单位——中国热带农业科学院。根据中国热带农业科学院的定位，该院主要围绕热带经济作物、南繁种业、热带粮食作物、热带冬季瓜菜、热带饲料作物与畜牧和热带海洋生物六大领域进行创新研究，设有作物学、植物保护和农业工程等 17 个一级学科、51 个二级学科。

（一）热带经济作物

经济作物亦称“工业原料作物”“技术作物”，一般指为工业，特别是指为轻工业提供原料的作物。我国纳入人工栽培的经济作物种类繁多，包括纤维作物（如棉、麻等）、油料作物（如芝麻、花生等）、糖料作物（如甘蔗、甜菜等）、三料（饮料、香料、调料）作物、药用作物、染料作物、观赏作物、水果和其他经济作物等。

热带经济作物是指生长在热带及亚热带领域的经济作物。我国南方地区是我国重要的热带作物产区。海南岛、雷州半岛、台湾岛南部和云南省南部属于热带季风气候，≥ 10℃积温在 8 000℃以上，最冷月平均气温高于 16℃，并且降水丰沛，雨热同期，这就为热带作物的生产提供了适宜条件。我国热带经济作物的主要研究对象如下。

1. 重要热带经济作物

我国重要热带经济作物主要包括：橡胶、木薯、椰子、槟榔、甘蔗、剑麻等。

（1）橡胶（*Hevea brasiliensis*） 天然橡胶是国家重要战略物资，是我国“四大工业原料”之一。据农业部 2017 年统计，我国橡胶种植面积达到了 1 750 多万亩、居世界排名第 3 位，年总产量达 81.37 万 t、居世界排名第 4 位，单位面积产量达 71.47 kg/ 亩、居世界排名第 9 位，主要植胶区为海南、广东、云南等省。早在 1954 年国家就在广州成立专门从事橡胶科研机构——华南特种林业研究所，即中国热带农业科学院的前身。经过几十年的发展，中国热带农业科学院成立了专门从事橡胶产业化配套体系研发的公益类科研机构——橡胶研究所，并已形成了从种质资源收集考察、鉴定评价、创新利用到新品种选育、高质高效种植、绿色防控、高值化加工等全产业链发展的研究体系，牵头组建国家现代农业产业技术体系——橡胶产业技术体系。打破了外国专家“中国不能种植天然橡胶”的论断，中国天然橡胶种植区域从北纬 18° 突破到北纬 25°，60 多年来，取得包括国家技术发明一等奖、国家科学技术进步一等奖在内的科技奖励 177 项。在橡胶树北移栽培、橡胶树优良无性系的引进试种、割胶技术体系改进及应用等领域取得了辉煌成就，为我国天然橡胶产业体系的建立和实现 3 次产业升级提供了有力的科技支撑。目前，在橡胶树基因组学研究、新一代橡胶树速生高产抗逆新品种培育、幼态化和小型化种苗繁育技术体系构建、新型种植材料推广、采胶新技术及电动割胶刀研发、死皮防控关键技术、胶园全周期间作模式、橡胶木材综合利用、高端制品用胶加工技术等方面取得新突破，为我国热区人民脱贫攻坚及乡村振兴，为我国农业供给侧结构性改革，为我国热带农业“走出去”及“一带一路”倡议等提供了强有力的技术支撑。

（2）木薯（*Manihot esculenta* Crantz） 木薯是大戟科木薯属植物，耐旱抗贫瘠，广泛种植于非洲、美洲和亚洲等 100 余个国家或地区，是三大薯类作物之一，热区第三大粮食作物，全球第六大粮食作物，被称为“淀粉之王”，是世界近 6 亿人的口粮。中国于 19 世纪 20 年代引种栽培，据农业部 2017 年统计，我国木薯种植面积达

473.61 万亩、居世界排名第 15 ~ 20 名，产量达 271.27 万 t、居世界排名第 15 ~ 20 位，单位面积产量达 576 kg/ 亩，主要分布于广西壮族自治区、广东省以及海南省等地，其中以广东和广西的栽培面积最大。随着木薯产业的发展，木薯用途逐渐多样化，作为饲料、淀粉、燃料乙醇等工业原料。中国热带农业科学院热带作物品种资源研究所是我国木薯产业化配套技术研究的主要科研机构之一，已形成从木薯品种资源收集、保存、新品种选育，到高效栽培、绿色防控、机械化生产、精深加工等产业化配套研究体系，牵头组建国家现代农业产业技术体系——木薯产业技术体系。

（3）椰子（*Cocos nucifera* L.） 椰子是棕榈科椰子属植物。椰子为重要的热带木本油料作物，全株各部分都有用途，具有极高的经济价值。

椰子原产于亚洲东南部、印度尼西亚至太平洋群岛。中国 2 000 多年前的《史记》对椰子已有记载。中国广东南部诸岛及雷州半岛、海南、台湾及云南南部热带地区均有栽培。海南是我国椰子主要种植区，是海南主要经济作物之一，也是海南标志性经济作物，据农业部 2017 年统计种植面积为 50.46 万亩、居世界排名 20 ~ 25 位，年总产量为 23 290 多万个、居世界排名 20 ~ 25 位，单位面积产量为 532 个 / 亩。为促进海南椰子产业的发展，早在 20 世纪 80 年代初，中国热带农业科学院就在海南椰子主产区的文昌，设立专门从事椰子研究的机构——椰子研究所，并在椰子种质资源收集、引进、保存、鉴定及评价利用、高产栽培、病虫害防控、加工利用等方面做了大量工作，取得了良好的成效，为海南椰子产业的发展及国家“椰子走出去”等提供良好技术支撑。

（4）槟榔（*Areca catechu* L.） 槟榔是重要的中药材，在南方，一些少数民族还将果实作为一种咀嚼嗜好品，是我国“四大南药”之一。槟榔原产于马来西亚，亚洲热带地区广泛栽培。中国主要分布在云南、海南及台湾等热带地区。据农业部 2017 年统计，我国槟榔种植面积达 153.79 万亩、居世界排名第 4 位，产量达 25.51 万 t、居世界排名第 2 位，单位面积产量达 230.23 kg/ 亩，海南是我国槟榔的主产区，全省种植面积达 100 多万亩以上，是海南省主要热带经济作物之一。中国热带农业科学院椰子研究所、环境与植物保护研究所，是我国槟榔产业研究的主要科研机构，在槟榔品种选育、种苗培育、病虫害防控、产业化加工等方面做了系列工作，另外，中国热带农业科学院香料饮料研究所等也在槟榔与其他热带经济作物的复合种植方面做了大量工作，为海南槟榔产业的绿色可持续发展等提供了技术支撑。

（5）甘蔗（*Saccharum officinarum*） 甘蔗是甘蔗属，多年生高大实心草本。甘蔗中含有丰富的糖分和水分，还含有对人体新陈代谢非常有益的各种维生素、脂肪、蛋白质、有机酸、钙、铁等物质，甘蔗是制造蔗糖的原料，也可提炼乙醇作为能源替代品。

全世界有100多个国家出产甘蔗，最大的甘蔗生产国是巴西、印度和中国。中国台湾、福建、广东、海南、广西、四川、云南等南方热带地区广泛种植。甘蔗适合栽种于土壤肥沃、阳光充足、冬夏温差大的地方。

中国热带农业科学院生物技术研究所，是我国研究甘蔗的主要机构之一，该所成立专门从事甘蔗产业研究的“甘蔗科研创新团队”，根据国家糖业的战略目标和甘蔗产业的发展需求，按照甘蔗的产业链合理布局科研的创新链，围绕甘蔗种质资源创新利用、甘蔗新品种培育与良种繁育、甘蔗营养与栽培、甘蔗有害生物可持续防控、甘蔗生产机械化、甘蔗质检及废弃物综合利用、甘蔗产业经济等方向进行系统研究，以解决制约甘蔗产业发展的关键技术问题，为我国甘蔗产业可持续发展提供科学理论和技术支撑。

（6）剑麻（*Agave sisalana* Perr. ex Engelm.） 剑麻又名菠萝麻，龙舌兰科龙舌兰属，是一种多年生热带硬质叶纤维作物，剑麻纤维质地坚韧，耐磨、耐盐碱、耐腐蚀，广泛运用在运输、渔业、石油、冶金等各种行业，具有重要的经济价值，此外，剑麻还有重要的药用价值。剑麻原产墨西哥，现主要在非洲、拉丁美洲、亚洲等地种植，是当今世界用量最大、范围最广的一种硬质纤维。据农业部2017年统计，我国剑麻种植面积为38.87万亩、居世界排名第9位，年产量达9.28万亩、居世界排名第2位，单位面积产量285.31 kg/亩、居世界排名第1位。由于剑麻在经济、军事上的重要作用，世界剑麻进出口贸易在不断增长，而中国目前自产的剑麻纤维却不能满足国内的需要，并且随着剑麻纤维用途的不断增加，中国每年都在增加剑麻纤维的进口量。中国热带农业科学院依托南亚热带作物研究所，早在20世纪60年代就开始从事剑麻的产业化配套工作，成立剑麻研究室，在剑麻种质考察、收集、保存、鉴定评价及创新利用，抗寒选育种、高产栽培技术、病虫害防控等方面做了系统研究，为我国剑麻产业化发展提供了技术支撑。

2. 热带饮料、香辛料作物

我国热带饮料、香辛料作物，主要包括咖啡、胡椒、八角、肉桂、草果、花椒等，种植面积超过3 000万亩。

（1）咖啡（*Coffea* L.） 咖啡是茜草科咖啡属多年生常绿灌木或小乔木，是世界三大饮料之一。全世界种植面积1 200多万 hm^2 公顷。我国咖啡主要生产在云南、海南。据农业部2017年统计，我国咖啡种植面积达179.82万亩、居世界排名第31位，年总产量达 14.71 万 t、居世界排名 13 位，单位面积产量 122.24 kg/ 亩、居世界第 1 位。云南为高海拔地区，是我国咖啡种植主产区，咖啡种植的主要品种为小粒种，种植面积为 150 万亩以上；海南为低海拔地区，是咖啡中粒种的主要发展区域，种植面积为 10 万亩左右，但随着海南国际旅游岛建设步伐的加快，海南咖啡加工及销售业发展的速度迅速加快，形成了兴隆、南国、春光、福山、力神等国内著名咖啡品牌。

（2）胡椒（*Piper nugrum* L.） 胡椒是世界重要香辛料植物，原产印度西高止山脉，已有 2 000 多年栽培历史，全世界总种植面积在 40 万 hm^2 以上。我国自 20 世纪 40 年代引入，现有种植面积约 40 万亩，年产量在 4 万 t 以上，主要种植在海南和云南，其中海南有 35 万亩以上，是我国胡椒产业的优势区和主产区，特别是在海南的文昌、琼海、海口、万宁、定安等市县，80 年代以来，胡椒产业是当地百姓脱贫致富的重要产业；在云南红河、德宏、保山等地胡椒产业是边境地区支边、稳边、兴边的重要产业。

（3）八角（*Illicium verum* Hook. f.） 八角是八角茴香科、八角属的一种植物。八角果为著名的调味香料，也供药用。果皮、种子、叶都含芳香油，是制造化妆品、甜香酒、啤酒和食品工业的重要原料。我国八角主要种植区域为广西、广东、云南等省区，据农业部 2017 年统计，我国八角种植面积达 566.64 万亩、居世界排名第 1 位，年产量达 18.82 万 t、居世界排名第 1 位，单位面积产量达 34.34 kg/ 亩。

（4）肉桂（*Cinnamomum cassia* Presl） 肉桂是樟科樟属中等大乔木，肉桂的树皮常被用作香料、烹饪材料及药材。其木材可供制造家具，该种也能作为园林绿化树种。

原产中国，印度、老挝、越南至印度尼西亚等地也有。我国主要种植区域为广西、云南、广东等省（区），总种植面积达 600 万亩以上。

（5）草果（*Amomum tsaoko* Crevost et Lemarie） 草果是姜科，豆蔻属多年生草本植物，茎丛生，高可达 3 m，全株有辛香气，蒴果密生，熟时红色，种子多角形，浓郁香味。4—6 月开花，9—12 月结果。草果是药食两用中药材大宗品种之一，草果做调味香料；全株可提取芳香油。果实入药，具有燥湿健脾，除痰截疟的功能。主治脘腹胀满，反胃呕吐，食积疟疾等症。好多中成药离不开它的配方，如透骨搜风丸、益肾丸、开郁舒肝丸、宽胸利膈丸、洁白丸等。分布于中国云南、广西、贵州等省（区），栽培或野生于疏林下，海拔 1 100 ~ 1 800 m。种植面积在 200 万亩左右。

中国热带农业科学院香料饮料研究所，是我国专业从事胡椒、咖啡、可可、香草兰、八角、肉桂、草果等热带香料饮料产业化配套研发的主要科研机构，从种质资源的收集、保存、鉴定评价及创新利用，到高质高效生产、病虫害绿色防控、产品高值化加工及系列新产品研发、技术推广等热带香料饮料产业全产业链配套技术方面做了大量工作，为我国热带香料饮料产业的发展、热区百姓脱贫攻坚、热区乡村振兴、国家热带农业“走出去”及“一带一路”倡议等提供了强有力的技术支撑。

3. 热带药用植物

主要包括槟榔、益智、砂仁、巴戟、沉香、艾纳香等，中国热带农业科学院热带作物品种资源研究所，是我国从事热带药用植物研究的主要机构，建立了药用植物研究室和农业农村部药用植物种质资源圃，从事我国热带药用植物资源的考察、收集、保存、鉴定评价及创新利用，在药用植物资源品种创新利用、新产品研究发等方面做了大量而系统的工作，为我国热带药用植物资源的创新利用提供了强有力的技术支撑。另外，中国热带农业科学院生物技术研究所，也建立了黎药资源及其天然产物研究与利用创新团队。该团队一直致力于海南黎药资源的挖掘、保护及其天然产物的研究与利用，主要针对海南黎药资源进行挖掘和整理，同时针对其中的活性次生代谢产物，运用现代分离、分析方法与技术手段，进行提取、分离和结构鉴定等应用基础研究，挖掘其中的功能性成分、组分和提取物，并在此基础上解决产业化中的关键技术问题，进行新产品和新技术的研发及产业化，为热带药用植物尤其是海南黎药的发展提供科技支撑。

4. 热带花卉

热带花卉是生长在赤道两侧南北回归线之间的观赏植物。热带花卉作为高效特色农业的重要组成部分，在整个花卉行业中地位显著。例如，热带兰、红掌、观赏凤梨等高档花卉是年销花的主打产品，全国近 70% 的室内盆栽观叶花卉属热带花卉。此外，还有大量热带观赏苗木广泛用于城市绿化和农田林网建设。海南是热带花卉的主产区，是我国秋石斛的唯一产地，还是文心兰、红掌、室内盆栽观叶花卉、热带观赏苗木的主产地，且海南因为气候地理因素占优势，切叶种植占全国的 80%。

中国热带农业科学院热带作物品种资源研究所，是我国热带花卉研究的主要科研机构，建有花卉研究室和热带花卉种质资源创新与利用创新团队。团队紧紧围绕世界热带花卉研究新领域与国家及地方需求，开展热带花卉种质资源收集保存、新品种选育及高产栽培利用技术研究，注重国际合作，不断引进相关的种质资源、技术与智力，不断增强团队的研发实力，在世界红掌、石斛兰等热带花卉研究领域长期保持领先地位。

5. 热带油料

热带油料作物主要包括油茶、油棕、椰子等。

（1）油茶（*Camellia oleifera* Abel.） 别名：茶子树、茶油树、白花茶；油茶属茶科，常绿小乔木。因其种子可榨油（茶油）供食用，故名。茶油色清味香，营养丰富，耐贮藏，是优质食用油；也可作为润滑油、防锈油用于工业。茶饼既是农药，又是肥料，可提高农田蓄水能力和防治稻田害虫；油茶树是世界四大木本油料之一，它生长在中国南方亚热带地区的高山及丘陵地带，是中国特有的一种纯天然高级油料。主要集中在浙江、江西、河南、湖南、广西 5 省（区），全国年产量仅为 20 万 t 左右。

（2）油棕（*Elaeis guineensis* Jacq.） 油棕是棕榈科油棕属直立乔木状植物，果实卵球形或倒卵球形，熟时橙红色。种子近球形或卵球形。6 月开花，9 月结果。油棕喜高温、湿润、强光照环境和肥沃的土壤。油棕是一种重要的热带油料作物。其油可供食用和工业用，特别是用于食品工业。油棕分布在南纬 10° 至北纬 15° 、海拔 150 m 以下的非洲潮湿森林边缘地区，主要产地分布在亚洲的马来西亚、印度尼西亚、非洲的西部和中部、南美洲的北部和中美洲。中国引种油棕主要分布在海南、云南、广东、广西。

中国热带农业科学院椰子研究所是我国热带油料作物研究主要科研机构之一，设有海南省热带油料作物生物学重点实验室。重点实验室主要从事椰子、油棕、油茶等热带油料作物资源育种与遗传改良、热带油料作物丰产栽培关键技术、热带油料作物病虫害防控体系建立等方面的研究。通过在热带油料作物优良品种的引种试种、新品种培育、种质资源保存与利用、高产高效技术研究、立体农业、低产改造、专用肥料的开发与应用、病虫害综合防治、天敌的引进等相关领域的科技创新和人才培养，推进产业科技进步，为椰子、油棕、油茶等热带油料作物产业的持续发展提供基础科技支撑。重点开展热带油料作物种质资源收集、保存、评价及利用，开展热带油料作物的功能基因组学、蛋白质组学、重要农艺性状关联分析、分子标记辅助育种、遗传多样性分析和抗逆相关基因的功能解析及创新利用等研究。

6. 热带水果

热带水果指生长在热带地区或亚热带区域的水果。海南、广东、广西、福建、云南、四川、贵州、江西、湖南等地热带、亚热带水果种类繁多，品质优良。其中，海南岛栽培和野生的果树有 29 个科、53 个属、400 余个品种，为世界上其他果区所罕见。其中属本岛原产的果树品种有龙眼、荔枝、芭蕉、桃金娘、锥栗、橄榄、杨梅、酸豆、油甘子。从南洋群岛和外地引进的品种有榴梿、人心果、腰果、油梨（鳄梨）、番石榴、甜蒲桃、波罗蜜、杧果、山竹、柑橘、红毛丹等。

（1）杧果（*Mangifera indica* L.） 杧果为著名热带水果之一，杧果肉质细腻，气味香甜，含有丰富的维生素，有“热带果王”之称。可制果汁、果酱、罐头、腌渍、酸辣泡菜及杧果奶粉、蜜饯等。据农业部 2017 年统计，我国杧果种植面积达 386.80 万亩、居世界第 4 位，年总产量达 205.35 万 t、居世界排名第 4 位，单位面积产量达 844.29 kg/ 亩、居世界排名第 7 位。海南岛种植杧果的历史悠久，是我国杧果主要产区。近年来，随着我国杧果品种的培育推广，种植区域从海南、广东等地，逐步扩展至云南、广西及四川、贵州等地，特别是在四川的攀枝花，已建成了独特的晚熟杧果优势，农业种植区面积达 60 多万亩，我国杧果鲜果供应期（从三亚到四川、从早熟品种到晚熟品种）达到 9 个月以上（从每年的 1 月一直到 10 月）。

（2）菠萝（*Ananas comosus*） 菠萝又称凤梨，凤梨科果子蔓属，单子叶多年生草本植物，热带、亚热带水果。具有消化、驱虫、利尿等药用价值，还是海南美味佳肴的配料。它是盛夏的消暑佳果，果汁中含有能助消化蛋白质的菠萝朊酶。鲜食可清热利尿。据农业部 2017 年统计，我国菠萝种植面积达 96.40 万亩、居世界第 5 位，年总产量达 167.16 万 t、居世界排名第 7 位，单位面积产量 2 130.18 kg/ 亩。海南栽培菠萝已有百年历史，主要品种是从马来西亚引入“沙拉瓦”种，该品种品质优良、产量较高。

菠萝是海南产量最大的热带水果，全岛各地均有种植。很多游客吃了海南的菠萝，认为比其他地方所产的菠萝更甜更香。菠萝以生吃为主，还可和鸡丁、肉丁同炒，风味又有不同。

（3）香蕉（*Musa nana* Lour.） 香蕉是主要热带水果之一，香蕉含有丰富的营养成分，除鲜食外，还可加工成罐头食品，也可烘干、晒干制成蕉粉、蕉片或发酵酿酒，并可深加工成香蕉香精，作为各种饮料香剂。

据农业部 2017 年统计，我国香蕉种植面积达 573.67 万亩、居世界排名 6 位，年总产量达 1 289.19 万 t、居世界排名 2 位，单位面积产量达 2 422.21 kg/ 亩、居世界排名第 2 位。海南岛是香蕉原产地之一，种植一年即结果上市。另外，广东、广西、云南、福建等省（区）也是我国香蕉主要种植区。

（4）荔枝（*Litchi chinensis* Sonn.） 荔枝是无患子科，属常绿乔木，高约 10 m，花期春季，果期夏季。果肉产鲜时半透明凝脂状，味香美，但不耐储藏。荔枝味甘、酸、性温，入心、脾、肝经；可止呃逆，止腹泻，是顽固性呃逆及五更泻者的食疗佳品，同时有补脑健身，开胃益脾，有促进食欲之功效。因性热，多食易上火。荔枝与香蕉、菠萝、龙眼一同号称“南国四大果品”。此外，荔枝木材坚实，纹理雅致，耐腐，历来为上等名材。

荔枝主要分布于中国的西南部、南部和东南部，广东和福建南部栽培最盛。亚洲东南部也有栽培，非洲、美洲和大洋洲有引种的记录。据农业部 2017 年统计，我国荔枝种植面积达 830.62 万亩、居世界排名第 1 位，年总产量达 239.43 万 t、居世界排名 1 位，单位面积产量 321.63 kg/ 亩、居世界排名 1 位。

（5）龙眼（*Dimocarpus longan* Lour.） 龙眼是无患子科龙眼属植物。常绿乔木，高通常 10 余米；果近球形，通常黄褐色或有时灰黄色，外面稍粗糙，或少有微凸的小瘤体；种子茶褐色，光亮，全部被肉质的假种皮包裹。花期春夏间，果期夏季。经济用途以做果品为主，因其假种皮富含维生素和磷质，有益脾、健脑的作用，故亦可入药；种子含淀粉，经适当处理后，可酿酒；木材坚实，甚重，暗红褐色，耐水湿，是造船、家具、细工等的优良木材。

龙眼生长在南亚热带地区，喜温暖湿润气候，能忍受短期霜冻，在 0 ~ 4℃的低温条件下，短期内不会冻死。龙眼原产于中国南部地区，分布于福建、台湾、海南、广东、广西、云南、贵州、四川等省（区），主产于福建、台湾、广西。据农业部 2017 年统计，我国龙眼种植面积达 537.48 万亩，居世界排名第 1 位，年总产量达 201.88 万 t，居世界排名第 1 位，单位面积产量为 425.34 kg/ 亩，居世界排名第 1 位。

（6）火龙果（*Hylocereus undatus* ‘Foo-Lon’） 火龙果是仙人掌科、量天尺属量天尺的栽培品种，攀缘肉质灌木，具气根，浆果红色，长球形，果脐小，果肉白色、红色。种子倒卵形，黑色，种脐小。7—12 月开花结果，花可做蔬菜，浆果可食，即火龙果。分布中美洲至南美洲北部，世界各地广泛栽培，借气根攀缘于树干、岩石或墙上，海拔 3 ~ 300 m。据农业部统计，2017 年我国火龙果种植面积达 56.52 万亩、居世界排名第 2 位，年产量达 79.06 万 t、居世界排名第 2 位，单位面积产量达 1 733.36 kg/ 亩。

（7）澳洲坚果（*Macadamia ternifolia* F. Muell.） 别名：昆士兰栗、澳洲胡桃、夏威夷果、昆士兰果，是一种原产于澳洲的树生坚果。澳洲坚果属常绿乔木，双子叶植物。树冠高大，果圆球形，果皮革质，内果皮坚硬，种仁米黄色至浅棕色，澳洲坚果的经济价值最高，素来享有“干果之王”的誉称，此外，澳洲坚果还具有很高的营养价值和药用价值。适合生长在温和、湿润、风力小的地区。主要分布在澳大利亚东部、新喀里多尼亚、印度尼西亚苏拉威西岛。中国自 20 世纪五六十年代开始引进，据农业部2017年统计，我国澳洲坚果种植面积达279.64万亩、居世界排名第1位，年产量达1.73万t，居世界排名第3位，单位面积产量达48.06 kg/亩。

中国热带农业科学院依托下属单位热带作物品种资源研究所、南亚热带作物研究所、生物技术研究所、热带农业机械化研究所、海口实验站等，对主要热带水果如香蕉、菠萝、杧果、荔枝、龙眼、澳洲坚果、火龙果等从资源收集、保存、鉴定评价及创新利用，高产高效栽培、病虫害绿色防控、高值化加工利用等进行了全产业链的系统研究，牵头组建了我国香蕉产业技术体系；培育了大量的杧果新品种，形成从最南端三亚的反季节早熟、到广东广西的中熟、再到四川攀枝花的晚熟品种的全周期杧果鲜果供应体系；开发了菠萝附产物高值化利用产品；培育了适合我国气候特点的澳洲坚果新品种及复合种植模式及技术。为我国热带、南亚热带水果产业的快速发展、热区脱贫攻坚及乡村振兴提供了强有力的技术支撑。

（二）南繁种业

南繁是指将水稻、玉米、棉花等夏季作物的育种材料，在当地秋季收获后，冬季拿到我国南方亚热带或热带地区进行繁殖和选育的方法。这样一年可繁育2～3代，加速育种过程，缩短育种年限，且能鉴定育种材料的抗病性及对湿、光的反应等，提高竞争力。

海南省北纬18°以南、位于三亚、陵水、乐东三市县的南繁基地，是中国农业科研的加速器和种子供给的常备库。每年全国有29个省（区、市）的700多家农业科研机构的数千名科技人员到海南从事南繁工作。

独特的热带气候可以实现农作物的加代繁殖，让一个品种的育种周期缩短1/3～1/2。每年9月到翌年5月，这里的田间地头就会出现一群追逐阳光的“候鸟”，他们是从事南繁工作的科技人员。

南繁育种事业蓬勃发展的同时，南繁育种的生物安全问题，也日益突显。为确保南繁育种事业的安全稳定发展，确保我国独特南繁基地可持续发展，应国家需求，中国热带农业科学院依托生物技术研究所，建立了南繁育种与生物安全实验室，组建了专门的创新团队，承担“南繁育种生物安全支撑技术研究”职责任务。主要研究方向为：根据国家南繁种业与南繁硅谷建设的科技需求，立足海南提供南繁生物安全及环境安全的技术支撑，构建南繁生物安全的评价体系，建立多层面的遗传转化及基因编辑技术体系，建立南繁生物育种和种质资源创新利用平台，创制优良新种质。

（三）热带粮食作物

粮食是指烹饪食品中各种植物种子的总称，也可概括称为“谷物”。粮食作物含营养物质丰富，主要为蛋白质、维生素、膳食纤维、脂肪、淀粉等。生长于热带或亚热带区域，具备粮食作物同样丰富营养物质的作物，称为热带粮食作物，主要包括：热带水稻、热带玉米、冬季马铃薯、面包果、波罗蜜等。

中国热带农业科学院近年来依托院属各单位在热带粮食作物的种质资源新品种引进、试种扩种、高效生产、创新利用等方面做了大量工作，取得了一定成效。

依托香料饮料研究所，组建了热带木本粮食作物研究团队。本研究团队以波罗蜜、面包果等为重点研究对象，围绕产业关键技术问题，开展种质资源鉴定评价和创新利用、高效栽培及病虫害综合防控技术、产品加工与综合利用等研究；依托热带作物品种资源研究所，建立了稻作研究室，在热带水稻资源的收集、保存、鉴定评价及创新利用方面做了系统的工作，培育了多个适于热带地区水稻新品种；依托南亚热带作物研究所，建立了热带旱作与节水技术研究室、热带粮食与瓜菜研究室，在冬季马铃薯、热带玉米的引种试种、技术推广以及旱作节水技术集成创新、技术推广等方面做了系列工作，为我国南方热带粮食作物的技术创新、技术推广提供了支撑。

（四）冬季瓜菜

冬季瓜菜，是指冬季在热带或亚热带区域依然能正常生长的各种瓜菜。海南光温充足，雨量充沛，土地肥沃，是全国最大的天然大温室，也是全国重要的冬季瓜菜生产基地。近年来，海南立足本地资源优势，坚持调优、调精、调高的原则，不断优化和调整农业产业结构、产品结构和品质结构，加快冬季瓜菜产业迅猛发展。冬季瓜菜的种植面积从 1990 年的 45 万亩扩大到 2020 年的 300 多万亩，总产量从 36 万 t 增加到 400 多万 t，冬季瓜菜生产逐步基地化、规模化、商品化。瓜菜结构进一步趋向合理，精细品种得到进一步发展，椒、瓜、豆、茄四大类品种协调发展。优质特色瓜菜增多，品种更加丰富多样，小番茄、彩椒、四棱豆、树仔菜等特色瓜菜市场价格看好。冬季瓜菜已成为海南热带高效农业的支柱产业。

为促进我国冬季瓜菜的健康有序发展，中国热带农业科学院依托热带作物品种资源研究所、南亚热带作物研究所、生物技术研究所、环境与植物保护研究所和分析测试中心等，分别在冬季瓜菜资源收集、保存、鉴定评价及创新利用、高效生产、病虫害绿色防控、产品质量安全控制等方面做了大量工作，取得了良好效果，为海南及我国南方冬季瓜菜的安全有效供应提供了技术支撑。

（五）热带饲料作物与畜牧

热带饲料作物与畜牧主要包括我国热带草业及热带畜牧业。

中国草业已进入新的历史机遇期，中国的草产业将有大发展。中国越来越重视生态环境和食品安全。中国正在发生从耕地农业到草地农业的变革，人工种草面积已达 2.8 亿亩。年理论产草 4 500 万 t，分布在 21 个省（区），登记统计加工企业 300 多家，已形成自产自用型、生态功能型、商品生产型三类饲草种植加工业。热带草业，是生长生产在热带或亚热带区域的草业，品种资源丰富，生产潜力巨大。

中国热带农业科学院依托热带作物品种资源研究所，构建热带牧草种质创新与利用创新团队，紧紧围绕世界热带牧草研究新领域与国家及地方需求，开展热带牧草种质资源收集保存、新品种选育及栽培利用技术研究，注重国际合作，不断引进相关的种质资源、技术与智力，不断增强团队的研发实力，在世界热带牧草研究领域长期保持领先地位。收集热带牧草种质资源 9 100 余份，发现并公开发表植物新种 2 个，育成并通过国家审定牧草新品种 25 个，针对我国南方农区畜牧业多以农户为单元等特点，利用“农民参与式”方法构建牧草推广体系，通过“科技下乡”累计推广新品种 2 380 万亩，为南方农区畜牧业的发展做出了重要贡献。

畜牧业，是利用畜禽等已经被人类驯化的动物，通过人工饲养、繁殖，使其将牧草和饲料等植物能转变为动物能，以取得肉、蛋、奶、羊毛、山羊绒、皮张、蚕丝和药材等畜产品。热带畜牧业，是以热带或亚热带区域牧草为饲料发展的畜牧业，品种丰富，特色鲜明。

中国热带农业科学院，依托热带作物品种资源研究所，建立了畜牧研究室和热带畜牧研究与示范创新团队。团队紧紧围绕世界热带畜牧研究新领域与国家及地方需求，在热带畜禽遗传资源与育种、热带畜禽营养与饲料科学、热带畜禽健康养殖与疾病防控等 3 个领域开展了卓有成效的研究。

在热带畜禽遗传资源与育种领域，先后开展了海南黑山羊核心种群的提纯复壮、黑山羊繁殖调控、热应激的调控机理研究，还开展了五指山猪核心群的选育、五指山猪实验动物化研究、儋州黑鸡的培育研究等工作；在畜禽营养与饲料科学领域，完成了 30 余种热带牧草营养及饲用价值评定，开展了木薯加工副产物、甘蔗尾叶、香蕉茎秆等热带经济作物副产物以及田间废弃物饲料化利用技术研究，还开展了药用植物提取物对畜禽免疫功能调控的研究，日粮营养水平对黑山羊、五指山猪繁殖性能、氧化应激的影响及调控研究；在畜禽健康养殖与疾病防控领域，从畜禽饲料生态化、养殖环境生态化、疾病防控生态化、养殖场净化 4 个方面开展畜禽健康安全养殖模式研究，就畜禽养殖场生态养殖的规划布局及圈舍设计技术、生态养殖绿色无公害饲草料供给保障及研发技术、畜禽养殖场废弃物无害处理和循环利用技术、畜禽养殖疫病防控生态化技术开展科技攻关及产业化示范推广，探索针对不同畜禽生态养殖模式，提出畜禽生产的关键环节控制参数，制定针对热区畜禽特殊环境条件和营养供给缺陷的免疫程序及综合防控措施。现建有存栏 300 只的海南黑山羊种羊场一个，存栏 300 头五指山猪良种繁育场一个，一座年产 3 000 t 的小型饲料加工厂，畜禽代谢试验舍，以及热带畜牧综合实验室。

（六）海洋生物资源

海洋生物资源又称海洋水产资源。指海洋中蕴藏的经济动物和植物的群体数量，是有生命、能自行增殖和不断更新的海洋资源。其特点是通过生物个体种和种下群的繁殖、发育、生长和新老替代，使资源不断更新，种群不断补充，并通过一定的自我调节能力达到数量相对稳定。主要包括：鱼类资源、软体动物资源、甲壳动物资源、哺乳类动物资源、海洋植物等。

自古以来，海洋生物资源就是人类食物的重要来源。数十年来，人类对水产品的需求有了很大增长。在 20 世纪 70 年代，人类所利用的总动物蛋白质（包括饲料用的鱼粉）中，有 12.5% ~ 20%（鲜品计算）来源于海洋生物资源。世界海洋水产品总产量，由 1938 年的 1 880 万 t 增加到 1980 年的 6 458 万 t，增长了 2.4 倍。1978 年世界海洋渔业总产值为 283 亿美元。

海洋生物资源还提供了重要的医药原料和工业原料。海龙、海马、石决明、珍珠粉、龙涎香、鹧鸪菜、羊栖菜、昆布等，很早便是中国的名贵药材。当前，海洋生物药物已在提取蛋白质及氨基酸、维生素、麻醉剂、抗生素等方面取得进展。

以贝壳制造的工艺品已在中国成为一个产业，一些珊瑚是很受欢迎的艺术品。海鸟粪含磷达 20%，是极好的天然肥料。鲸油既可食用又是重要的化工原料，抹香鲸头部的油是精密仪器的高级润滑油。海藻的提取物，特别是褐藻胶和琼胶在工业上也有广泛的用途。

中国热带农业科学院，依托热带生物技术研究所，建立了热带海洋生物资源利用创新团队，以海洋生物资源为基础，以海洋生物产业为导向，围绕特色海洋动物、大型海藻、微生物及其天然产物等资源收集与评价、资源利用关键技术、资源应用示范 3 个层面开展研究与开发。近 5 年来，该团队收集保存热带大型海藻 36 种，微藻 525 株，从红树林、珊瑚礁、海绵等特殊环境中分离保存芽孢杆菌、放线菌、丝状真菌、酵母菌等 8 651 株，发现微生物新属种 26 个，为热带海洋生物资源的开发利用奠定了良好的前期基础。研制出方斑东风螺专用复合矿物添加剂、复合维生素添加剂以及其安全高效人工配合饲料；自主研发出光合细菌高浓度高质量产品，在水产养殖业中的应用效果显著，为水产健康养殖模式的推广提供了重要技术支持。成功开发琼枝麒麟菜养殖新技术并已在海南昌江、儋州等地推广，不仅使琼枝麒麟菜产量提高了 2.8 倍，而且将养殖区由珊瑚礁区拓展到非珊瑚礁区，有效保护了珍贵的珊瑚礁资源，取得了良好的经济、社会与生态效益。目前正在顺利开展马尾藻种苗繁育与养殖、马尾藻生态牧场构建、马尾藻加工及高价值产品开发、海葡萄人工养殖与保鲜加工技术研发等项目研究。搭建了微生物活性评价（抗肿瘤、抗菌、抗病毒、抗植物病原线虫等）、活性产物分离纯化与结构鉴定技术平台，筛选获得活性微生物 1 905 株，发现新结构活性化合物 56 个，为开发海洋微生物资源奠定了良好基础。

二、主要热带作物品种及技术

为加强优良品种和先进适用技术的推广，促进产业转型升级，提高质量效益，加快培育高端热作，推进热作产业供给侧结构性改革，农业农村部持续积极推荐热带南亚热带作物新主导品种和新主推技术。“十一五”“十二五”“十三五”分别推荐了 30 个、20 个、46 个热带南亚热带作物新主导品种和 10 项、38 项、24 项新主推技术。表 4–3、表 4–4 列举了“十三五”期间的热带南亚热带作物新主导品种和新主推技术。

（一）主导品种

表 4–3 “十三五”期间的热带南亚热带作物新主导品种

热带作物种类	主导品种
橡胶树	热垦 628、热研 917（7–20–59）、云研 73–46、云研 80–1983
木薯	桂热 6 号、桂热 7 号、华南 12 号、华南 13 号
咖啡	德热 132、热研 1 号咖啡、热研 3 号咖啡
澳洲坚果	南亚 3 号、A4、A16、桂热 7 号（695）
椰子	文椰 4 号
香蕉	南天黄、宝岛蕉、热粉 1 号、中粉 1 号、巴西蕉
荔枝	红绣球、井岗红糯、仙进奉

续表

热带作物种类	主导品种
龙眼	水南 1 号
杧果	贵妃、金煌、热品 10 号、金白花、南逗迈 4 号杧、桂热杧 82 号、帕拉英达、圣德隆、热品 4 号、桂热杧 71 号、台牙、桂热杧 3 号、热农 1 号
菠萝	台农 16 号
火龙果	紫龙
番木瓜	桂热 1 号
波罗蜜	琼引 1 号
柚子	真龙柚
柠檬	费米耐劳
牛大力	热选 1 号
热带牧草	热研 21 号圭亚那柱花草

（二）主推技术

表 4-4 “十三五”期间的热带南亚热带作物新主推技术

热带作物	主推技术	技术依托单位
橡胶树	五天一刀割胶技术	中国热带农业科学院橡胶研究所
	橡胶树根病化学防治新技术	中国热带农业科学院环境与植物保护研究所
	橡胶树小筒苗育苗技术	中国热带农业科学院橡胶研究所
	橡胶园土壤养分分区管理技术	中国热带农业科学院橡胶研究所
	气刺短线割胶技术	中国热带农业科学院橡胶研究所
	全周期间作模式胶园建设技术	中国热带农业科学院橡胶研究所
	橡胶树橡副珠蜡蚧的生物防治技术	中国热带农业科学院环境与植物保护研究所
咖啡	咖啡酶促脱胶技术	云南省农业科学院热带亚热带经济作物研究所
	咖啡豆机械干燥技术	云南省农业科学院热带亚热带经济作物研究所
胡椒	胡椒综合栽培技术	中国热带农业科学院香料饮料研究所
椰子	椰子全根苗法繁育技术	中国热带农业科学院椰子研究所
香蕉	香蕉枯萎病综合防控技术	中国热带农业科学院环境与植物保护研究所
杧果	晚熟杧果补钙技术	攀枝花市农林科学研究院

续表

热带作物	主推技术	技术依托单位
荔枝	荔枝害虫农药减量防控技术	广东省农业科学院植物保护研究所
	荔枝高接换种技术	华南农业大学园艺学院
菠萝	台农16号菠萝产期调节栽培技术	海南省农业科学院热带果树研究所
波罗蜜	“琼引1号”波罗蜜丰产栽培技术	海南省农业科学院热带果树研究所
火龙果	火龙果优化型栽培架与“标准植株”整枝技术	海南省农业科学院热带果树研究所
柠檬	柠檬早结优质丰产栽培技术	云南省农业科学院热带亚热带经济作物研究所
牛大力	“热选1号”牛大力高产优质栽培技术	中国热带农业科学院热带作物品种资源研究所
石斛	铁皮石斛附生龙眼树种植技术	云南省德宏热带农业科学研究所
其他	橘小实蝇综合防控技术	中国热带农业科学院南亚热带作物研究所
	热区果园豆科牧草间作及土壤修复技术	中国热带农业科学院热带作物品种资源研究所
	槟榔/胡椒间作高效种植技术	中国热带农业科学院香料饮料研究所

三、主要科研、教学机构及社会组织

由于热带农业是我国热区百姓的主要收入来源，中华人民共和国成立后，国家对发展热带农业高度重视，并倾注了大量的人力、物力、财力在我国南方广大地区大力发展热带农业及重要热带作物，使我国许多重要热带作物均在短时间内得到了迅速发展，形成了小作物大产业的格局，许多热带作物品种在种植面积、产量及创新技术成果等方面均在世界相关领域占据重要地位，有的甚至居世界领先地位。这些成就的取得离不开我国热带农业领域相关科研、教学机构及企业作用的充分发挥。中华人民共和国成立后，我国对热带农业的科研及教学高度重视，形成了从中央到地方到企业的立体式科研、教学模式，为我国热带农业的发展输送了大量的人才队伍和技术成果。

（一）国家级机构

1. 中国热带农业科学院

中国热带农业科学院（简称“中国热科院”）是隶属于农业农村部的国家级科研机构，创建于1954年，前身是设立于广州的华南热带林业科学研究所，1958年迁至海南儋州，1965年升格为华南热带作物科学研究院，1994年更为现名（图4-1）。

图 4–1　中国热带农业科学院

60 多年来，中国热科院先后承担了“863”计划、“973”计划、国家科技支撑计划、国家重点研发计划、国家重大科技成果转化等一批重大项目和 FAO、UNDP、国际原子能机构等国际组织重点资助项目。主导天然橡胶、木薯、香蕉 3 个国家产业技术体系建设，取得了包括国家技术发明一等奖、国家科学技术进步一等奖在内的近 50 项国家级科技奖励成果及省部级以上科技成果 1 000 多项。培育优良新品种 300 多个，获得授权专利 1 600 多件，获颁布国家和农业行业标准 500 多项，开发科技产品 300 多个品种。推动了重要热带作物产量提高、品质提升、效益增加，为保障国家天然橡胶等战略物资和工业原料、热带农产品的安全有效供给，促进热区农民脱贫致富和服务国家农业对外合作做出了突出贡献。

中国热科院现有儋州、海口、湛江和三亚（筹）4 个院区，科研试验示范基地 6.8 万亩，在海南、广东“两省六市”设有 16 个科研和附属机构。拥有国家重要热带作物工程技术研究中心、海南儋州国家农业科技园区、省部共建国家重点实验室培育基地、农业农村部综合性重点实验室等 70 多个部省级以上科技平台和 3 个博士后科研工作站。被联合国粮农组织授予“热带农业研究培训参考中心”，建有中国热带农业科学院（CATAS）– 国际热带农业中心（CIAT）合作办公室、科技部国际科技合作基地和创新人才培养示范基地、农业农村部农业对外合作科技支撑与人才培训基地和热带农业对外合作开放合作试验区等国际合作平台。先后与 16 个国际组织、40 多个国家和地区的科研及教学单位建立了长期稳定的合作关系，举办及承办各类技术培训班近 80 期，培训来自非洲、亚洲、大洋洲、拉丁美洲 90 多个国家的学员 3 000 多名。

中国热科院围绕热带经济作物、南繁种业、热带粮食作物、热带冬季瓜菜、热带饲料作物与畜牧和热带海洋生物六大创新领域，设有作物学、植物保护和农业工程等 17 个一级学科、51 个二级学科。现有在职职工 4 000 多人，高级专业技术人员 600 多人，博士 400 多人，享受国务院政府特贴专家、国家级突出贡献专家、中央联系专家、新世纪百千万人才工程国家级人选、国家“万人计划”人选及中华农业英才奖获得者等高层次人才 180 多人次，面向海内外聘请了 130 多位知名专家学者。

2. 中国热带作物学会

中国热带作物学会是由我国热带作物科技工作者和相关单位自愿组成的全国性、学术性、非营利性社会团体，业务主管单位是中国科学技术协会，登记管理机关是民政部，支撑单位为中国热带农业科学院。2018 年底，民政部公布了 2017 年度全国性社会组织评估等级结果，中国热带作物学会荣获全国性学术类社会组织 AAAA 等级。

中国热带作物学会是国家热带农业科技创新体系的重要组成部分，是推动我国热带作物科技事业发展的重要社会力量。自 1978 年成立以来，按照《中国热带作物学会章程》规定的业务范围，在中国科学技术协会、农业农村部的坚强领导以及中国热带农业科学院的大力支持下，始终坚持“四服务”的职责定位，团结带领会员和广大科技工作者，积极开展学术交流、决策咨询、专题调研、科学普及、技术培训与示范推广以及优秀人才培养举荐等活动，为推动热带作物科技创新、促进我国热区农业农村经济健康快速发展做出了重要贡献，具有广泛的影响力和凝聚力。

中国热带作物学会下设 22 个分支机构，其中专业委员会 16 个，工作委员会 6 个，并承担对省级热带作物学会的业务指导。学会秘书处是学会的办事机构，下设办公室、学术部、会员与科普部、期刊部、培训部。学会设立科技进步奖、杰出贡献奖和青年科技奖，主办的《热带作物学报》为中文核心期刊，是我国热带作物科学领域的权威学术期刊。

（二）地方科研教学机构及组织（表 4–5）

表 4–5　地方科研教学机构及组织

省份	科研机构 / 组织
海南省	海南省农业科学院 海南省热带作物学会 海南省农垦科学研究院 海南大学 海南农垦总局 海南省林业科学研究院 三亚市南繁科学技术研究院
广东省	广东省农业科学院 广东省热带作物学会 华南农业大学 仲恺农业工程学院 广东农工商职业技术学院 广东农垦热带农业研究有限公司 广东农垦总局 华南植物园 热带林业科学研究所
广西壮族自治区	广西农业科学院 广西大学 广西职业技术学院 广西农业职业技术学院 广西农垦总局 广西特色作物研究院
云南省	云南省农业科学院 云南农业大学 云南省农垦总局 云南省高原特色研究院 云南省热带作物科学研究所 云南省德宏热带农业科学研究所 云南省红河热带农业研究所

第五章 都市热带农业

第一节 都市热带农业内涵特征

一、热带的重要性

根据全球知名的科学杂志《自然》的数据，近100多年来，地球的温度提高了1℃，但是热带向地球两端扩展的速度超过了温度的提高速度，人们向往热带生活已经成为一种时尚，包括温带和寒带的人口向热带、亚热带移动的速度超过了19世纪以前的总和。例如，中国的黑龙江，有上百万人向南方移民，全国各个省（区、市）的非热带地区都开发了南方的植物园或者相应的产业园区，并且已经成为一种常态。据估计，温带和寒带有30%非热带人口，不同程度地生活在热带和亚热带地区，而且增长速度正在加快（图5-1）。

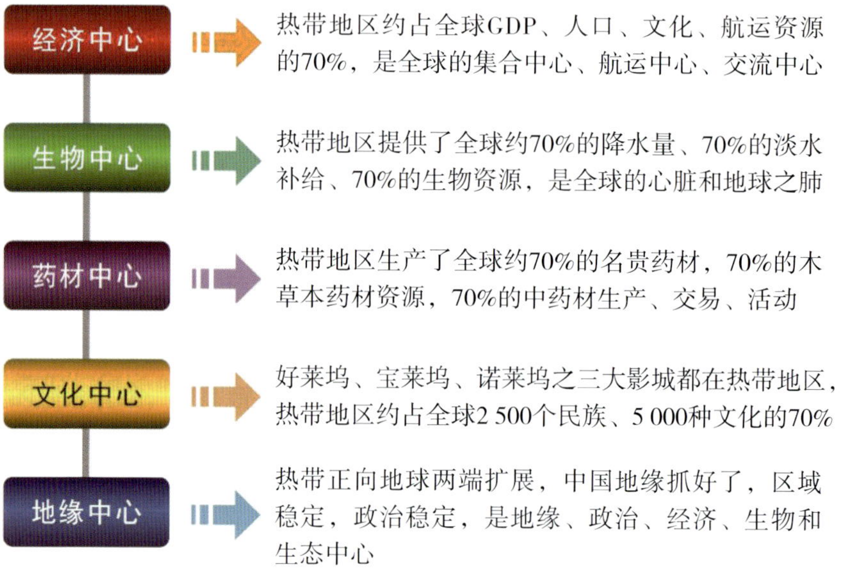

图5-1 热带的重要性

中国是一个非典型/准热带国家，主要热带产品如橡胶、可可、咖啡等主要依靠进口，14亿多中国人消费了100多个热带国家的重要热带产品，并与这些国家的农业、资源、商贸、食品、文旅、教育、科研的产业链、供应链、科技链、价值链紧密联系在一起，互相依存、依赖、依靠。显然，中国既是热带产品、资源消费大国，也是推动热带事业发展的大国。

二、我国热带农业面临的问题及基本出路

（一）面临的主要问题

与其他国家相比，我国热带农业起步较晚，可以说是随着中华人民共和国的成立，为解决国家战略需要而发展起来的，经历了一个从无到有的艰难的发展历程，随着改革开放号角的吹响，我国热带农业进入了快速发展阶段，热带作物的种类不断增多，规模不断扩大，种植范围也在不断扩大，产业链也在逐步延长。但随着我国国际交流合作的不断加强，特别是中国加入世界贸易组织、东盟自由贸易区后，中国原有非典型热区及发展起步晚的弊端也逐步显现。主要表现如下。

1. 生产成本高

与我国其他农业行业一样，热带农业也存在着生产成本不断高涨的困难局面，包括：生产资料价格的不断上涨、劳动力成本的增高、土地价格的上涨等。

2. 劳动强度大、缺劳动力

由于我国热带农业发展起步晚，加之目前我国热带农业发展区域大多在南方山区，因而热带农业的现代化水平普遍不高，许多行业仍然依赖于传统的人工劳作模式，劳动强度普遍较大，加上效益较低，因而大多年轻人都不愿从事热带农业生产活动，劳动力严重缺乏。

3. 市场价格波动大、效益不稳

随着我国国际交流合作的不断扩展，我国热带农产品的国际化程度也在不断加强，热带农产品价格与国际接轨的程度也在不断加大，特别是中国加入世界贸易组织及东盟自由贸易区后，我国热带农产品的价格随着国际市场的波动也在不断提高，生产者的效益极不稳定。

4. 产业链短，附加值不高

由于我国热带农业起步晚，与发达国家相比热带农业科技创新还存在一定差距，许多热带农产品的精深加工及创新利用还处于起步阶段，大多热带农产品只停留在

产地加工阶段，精深加工产品少、综合利用水平低，因而产业链短、附加值不高。

5. 品牌知名度小、销售难

由于我国热带农产品精深加工及综合利用程度低，新产品研发水平不高，市场开发能力弱、起步晚，因而与发达国家相比，许多热带农产品的品牌知名度小，特别是在高端消费品方面，如高端饮料、化妆品等我国普遍存在品牌知名度小、销售难的现象。

6. 整体效益低

由于存在上述5个问题，因此，目前我国热带农业产业大多存在整体效益低，而处于勉强维持阶段，如我国橡胶产业、木薯产业、甘蔗产业等。

（二）破解问题的基本思路

要破解我国热带农业面临的问题，唯一的出路，就是要紧跟国家农业供给侧改革需要，积极响应国家“一带一路”倡议，充分利用国际国内两种市场，以两种资源为抓手，以满足人们美好生活向往需要为目标，不断调整我国热带农业产业结构，提高热带农业发展质量，加强我国热带农产品精深加工及综合利用水平，不断延长产业链，特别是要通过大力发展热带都市休闲农业，普及热带农业知识，提高全民热带农业科学素质等，不断拓展热带农业功能，提高热带农业整体效益。

三、都市热带农业概念

结合国内外都市农业及热带农业已有研究成果，将都市热带农业定义为：运用都市休闲农业基本原理，以热带农业为研究对象及主要特征，解决热带农业及现代都市发展问题的农业。

热带都市农业要解决的问题，一是要运用都市休闲农业的基本原理，提高我国热带农业发展质量，改善我国热带农业供给结构，提升我国热带农业附加值，为实现热区乡村振兴、建设热区社会主义现代化提供服务；二是要以普及热带农业知识，提升全民科学素质为目标，满足都市人口对热带农业文化、民族特色、特色资源、产品、技术等多样化需求，通过科普馆、科普示范园、体验园、科技园区等方式，大力普及热带农业科学知识，满足都市人们美好生活向往的需要，解决我国热带农产品品牌知名度低、销售难、市场价格波动大、产业链短、附加值低的问题，促进我国热带农业发展。

四、都市热带农业内涵特征

都市热带农业除含有都市农业的特征外，还具有鲜明的个性化色彩。

（一）农业特质以热带农业为主色调

都市热带农业具有鲜明的热带农业特质，其主要栽培物种如天然橡胶、甘蔗、热带水果、反季节蔬菜、热带花卉、南药、热带香料、热带饮料等具有鲜明的热带特性，其中不乏大量农业文化遗产。其都市农业也更富有热带性。例如，海南以其充沛的光照时间和热量为条件，种植反季节水果，再以反季节水果园区为条件，发展以采摘水果为乐趣的观光都市农业；北方地区利用温室日光大棚克服冬季低温，利用比南方夏季更长的日照时间生产更独特的热带农产品，发展观光农业、科普农园、体验农业等。

（二）民风民俗性

我国热区少数民族数量多，有 36 个，占全国民族数的 64%，因此，都市热带农业的民风民俗性强。以海南为例，海南是一个少数民族聚集的地方，除了汉族以外，还有黎族、苗族、回族等多个少数民族。浓郁的少数民族乡土气息，多姿的民族风情，多彩的特色民族艺术，吸引着大批中外游客前来探访。因此，其都市农业与休闲农业发展具有鲜明的民风民俗特征。

（三）生态性

以海南为例，海南岛地处热带季风气候区，全年高温多雨，全岛森林覆盖率高达 58%，海南岛拥有亚洲保持最完整的热带季风雨林资源，加上海南自 20 世纪末开始试点建设生态旅游示范省，加大了对优质自然环境的保护力度。海南省全年空气质量在全国名列前茅，获得了“长寿岛”和“健康岛”的荣誉称号，因此，海南利用其特有的环境条件优势，发展了一大批生态观光农业和绿色观光农业。

第二节　都市热带农业发展历程

一、20 世纪 80 年代自发形成阶段

20 世纪 80 年代以来，随着工业化和城镇化的快速推进，农业发展环境发生重大变化，北京、上海等大型城市逐步认识到都市农业在城市经济社会发展中的重要地位，并顺应形势需要，及时明确发展思路，出台支持政策，探索推进都市农业发

展的路径。北京提出都市农业“少数不等于小数”，谋划形成都市农业产业布局的 5 个“圈层”；上海将 3 个“丝毫不能”作为都市农业发展的基本思想，加快推动农业发展方式转变；武汉率先出台一系列都市农业发展意见和规划，致力打造都市农业“六大区域、四大中心、三大体系”；成都把建设“世界生态田园城市”作为都市农业发展目标，出台“五大倍增计划”；西安围绕“服务城市、富裕农民”的都市农业发展理念，提出了发展休闲、生态、加工等“六种”农业。

以海南为例，在该阶段民营农场是推动都市农业发展的主要力量。随着数百家台资农场的介入，台湾都市农业的理念在海南农业上得到了有效发展。休闲农场的开发、菊花和香蕉等特色产品打开日本市场、优质肉牛新品种的培育成功、80 多类 500 多个农产品和水产品优良种苗的引进，都是他们的杰作。都市热带农业开始起步。

二、20 世纪 90 年代市场经济的确立促进其蓬勃发展

20 世纪 90 年代市场经济的确立促进了都市热带农业的蓬勃发展。以海南为例，90 年代中国市场经济体制的确立导致资本不受阻碍地流向海南，开发这里稀缺的热带农业资源。稀缺的资源、广阔的市场与宽松的政策吸引了大量投资者，辐射带动了众多充满创业冲动的农民。占全岛 1/4 土地有高度组织化优势，90 多个国有农场发挥了重要作用。具有相当经营自主权的农场充分发挥自身优势，橡胶主业水平提高，自营经济异军突起，有 4 万多亩优质杧果基地的南田农场和超过 2 万亩早熟荔枝基地的红明农场早已名扬全国。

但农业又是弱质产业，海南的农业从业者多为小农，组织化程度低，科技知识缺乏，信息接收能力弱，因此，面临着较大的市场风险，也不断遭遇自然的风险。90 年代初期更多的是政府对于农业的支持。1989—1997 年，海南省实施了三期农业综合开发项目，共计投入农业综合开发资金 78 330 万元，建设水利工程，改造中低产田，营造防护林，治理水土流失。创办农业综合开发试验区也是当初的一种尝试。90 年代后期则更多的是开拓农产品市场的不懈努力，主管农业的副省长带队到全国巡回公关，敲开了一个个大城市的农贸市场大门。90 年代香蕉曾是中国进口最多的水果，每年有 80 万 ~ 120 万 t 到港，现在，海南香蕉已经将进口香蕉基本挤出了国内市场。此外，政府还大力支持农业产业化经营，建立冷链绿色通道，引导农民发展专业合作经济组织，成效显著。

三、21世纪初期新农村建设为都市热带农业奠定了转型基础

21世纪初，我国开展了新农村建设，为都市农业充分利用农村发展空间、都市农业转型奠定了基础。以海南省为例，以“优美的生态环境、发达的生态经济、丰富的生态文化”为内容，一流的生活质量为目标的文明生态村建设于2000年在全岛迅速铺开。省委制定出台了建设生态文明村的具体标准和要求，包括“一池三改”“四化”“一场二室九制度”等。到2005年底，海南已建成文明生态村5 200多个，占全省自然村总数的22%。

新农村建设的系列成果为都市热带农业，尤其是都市农业中的休闲农业奠定了良好的基础。至2013年末，全省休闲农业企业达175家，其中农家乐46家、休闲农庄48家、休闲农业园区61家、民俗村2家、其他18家；资产总额41.80亿元；从业人数1.32万人，其中农民就业人数1.3万人；带动农户2.58万户，同比增长1.9%；累计接待500万人次，营业收入4.1亿元，同比增长12.8%。以海口市为例，先后打造出开心农场、香世界庄园、海口龙浩生态农业示范园、万岱休闲农业观光园、火山泉休闲农庄、南海休闲农庄、海口绿枫农业开发有限公司、海南省现代农业展示示范园、竹缘山庄、加乐湖休闲农业产业园、龙连村休闲农业产业园、田心生态农业园、牧榕仕文昌鸡休闲农业产业园、羊山休闲公园等一系列都市农业重点项目。

四、乡村振兴战略推进为都市热带农业发展吹起了冲锋号

传统农业社会走向现代化工业社会的过程中，必须要经历“城乡一体化”的发展阶段。城乡社会发展的一般的规律是现代化过程会推动城镇化进程加速，进而导致城乡差别日益增大，社会矛盾加剧，最终不得不从国家层面组织实施“城乡一体化”战略。中共十九大提出的“乡村振兴战略”就是解决中国改革开放以来城乡发展失衡问题的宏伟战略部署，而美丽乡村建设是乡村振兴战略的重要组成部分，共享农庄则是美丽乡村的重要抓手。

2017年4月，海南省政府正式提出“共享农庄”的概念，2017年8月，国家将海南选作“共享农庄”示范省。2017年10月，中共十九大报告提出乡村振兴战略，随后，海南省提出以共享农庄为抓手，打造海南乡村振兴的新载体。共享农庄是指把农村闲置住房进行个性化改造，形成一房一院一地，根据需求改造为市民田园生活、度假养生等多种模式，再通过互联网对外出租，是集循环农业、创意农业、农事体验于一体，以农业和民宿共享为主要特征的“三农”新业态。发展共享农庄是海南实施乡村振兴，建设美丽乡村的新聚焦点；是海南省政府落实乡村振兴战略，

深入推进农业供给侧结构性改革，建设美丽乡村的重要抓手；是解决海南全域旅游示范省创建过程中产品单一、市民农业休闲旅游优质目的地缺乏、美丽乡村缺少商业模式和持续运营能力、农业农村土地资源利用率低、农耕文化传承与创新、贫困户持续稳定脱贫致富等问题的有效手段和重要举措。

海南在3年时间（2017—2019年）创建209家试点单位，在约3万km^2的地域内，可以说是项目密度极高。因此，海南凭借共享农庄概念的先提先试，已经在规模上、影响力上居于全国领先的地位。2017年、2018年海南共享农庄累计吸引投资76亿元。海南省还设立了国内首只共享农庄基金，基金规模达50亿元，白莲鹅、火龙果、辣木等一批特色农产品也获得了较大规模的发展，带动了农民广泛参与，取得了较好的扶贫效果。随着乡村振兴的不断推进和农业资源的深度开发，农业休闲观光、采摘、农事体验、乡村旅游等新业态快速发展。

第三节　都市热带农业发展的政策背景

一、我国都市农业发展的政策背景

近年来，中央引导都市农业持续向纵深发展，政策脉络从“菜篮子”到“休闲旅游”再到“一二三产业融合”“农业供给侧结构性改革”“创新体制机制推进农业绿色发展”等。

2012年，农业部办公厅印发《关于加快发展都市现代农业的意见》，指出了发展都市现代农业的重要意义，并提出发展都市现代农业的目标任务为率先实现农业现代化；稳定发展粮食生产；抓好“菜篮子”工程建设；强化农产品质量安全监管；积极发展休闲农业和生态农业等。

2015年，农业部积极推动落实11部门联合印发的《关于积极开发农业多种功能 大力促进休闲农业发展的通知》精神，主要包括鼓励建设休闲农业专业村和休闲农业园；鼓励发展休闲农业和乡村旅游；开展全国休闲农业和乡村旅游示范县示范点创建活动、中国最美休闲乡村推介等。

2016年，农业部等14部门联合印发《关于大力发展休闲农业的指导意见》中提出，到2020年，布局优化、类型丰富、功能完善、特色明显的休闲农业产业格局基本形成；社会效益明显提高，从事休闲农业的农民收入较快增长；发展质量明显提高，服务水平较大提升，成为拓展农业、繁荣农村、富裕农民的新兴支柱产业。

2016年，国务院办公厅发布《关于推进农村一二三产业融合发展的指导意见》，提出了拓展农业多种功能，大力发展农业新型业态，引导产业集聚发展，发展多类型农村产业融合方式；创新农村金融服务，强化人才和科技支撑，支持贫困地区产业融合发展，完善多渠道农村产业融合服务。

2016年，农业部印发《全国农产品加工业与农村一二三产业融合发展规划（2016—2020年）》，规划中提出，结合大中城市郊区及都市农业区农业资源及农产品加工产业带，创新农业文化、农耕（渔事）体验、教育科普、生态观光、人文创意、饮食文化、生活服务、餐饮服务等休闲农业和乡村旅游发展模式，鼓励建设中央主食厨房、休闲农园、农产品及加工品的仓储物流设施及配送体系、网上营销等设施平台，满足城乡居民多元化、个性化的消费需求。

此外，农业部于2012年、2014年、2016年，每两年一届已连续举办三届以都市现代农业为主题，专门面向大中城市召开的“全国都市现代农业现场交流会”，以交流各地都市农业发展经验。时任国务院副总理汪洋在出席2016年现场会时指出，加快发展都市现代农业，是推进农业供给侧结构性改革、提高供给体系质量和效率的迫切需要，是践行以人民为中心的发展思想、提高新型城镇化水平的客观要求，是促进城乡发展一体化、提高农村发展水平的必然选择，必须坚持以新发展理念为引领，努力走出一条符合国情农情和时代要求的发展道路。要切实加强对都市现代农业发展的组织领导，加强主体责任、规划引领、体制创新、区域协同等，加快推进都市现代农业取得新成效。

2017年中央一号文件《中共中央国务院关于深入推进农业供给侧结构性改革加快培育农业农村发展新动能的若干意见》提出大力发展乡村旅游、宜居宜业村镇、现代农业产业园等建设，更加丰富了都市农业的内涵，也为都市农业下一步的发展指明了路径。

2017年9月，中共中央办公厅国务院办公厅印发《关于创新体制机制推进农业绿色发展的意见》，深入贯彻新发展理念、推进农业供给侧结构性改革，守住绿水青山，建设美丽中国，保障国家食物安全、资源安全和生态安全，维系保障当代人和后代子孙福祉，推进农业绿色发展，加快农业现代化。强调尊重农业发展规律，转变农业发展方式，优化空间布局，节约利用资源，保护产地环境，提升生态服务功能，全力构建人与自然和谐共生的农业发展新格局，推动形成绿色生产方式和生活方式。

二、我国热带农业发展的政策背景

2018年4月13日，习近平总书记在庆祝海南建省办经济特区30周年大会讲话中指出，发挥热带地区气候优势，做强做优热带特色高效农业。随后，《中共中央国务院关于支持海南全面深化改革开放的指导意见》明确提出了新时代热带农业发展要求。这充分体现了以习近平总书记为核心的党中央对我国热带农业发展的高度重视，为我们在新时代发展热带特色高效农业指明了方向。

自1986年国务院成立发展南亚热带作物指导小组、决定大规模开发热区资源以来，经过30多年的不懈努力，我国热带作物产业（简称“热作产业”）发展取得了令人瞩目的成就，已建成天然橡胶、荔枝、龙眼、香蕉、咖啡、澳洲坚果等20多个产业集群，构建了较为完善的热作产业体系、生产体系和经营体系，成为贫困热区产业扶贫的重要手段，在保障战略资源安全、特色农产品有效供给、建设美丽乡村等方面发挥了重要作用。

2010年，国务院办公厅印发了《关于促进我国热带作物产业发展的意见》（国办发〔2010〕45号），对发展热带农业产业做出了明确的要求：要求优先支持天然橡胶、木薯、油棕、香蕉、荔枝、杧果等主要作物，引导生产进一步向优势产区集中，全面推进名特优新稀热带作物产业带建设。完善综合支持政策，大力推进科技创新和关键技术集成推广应用，建立健全促进产业健康发展的长效机制。扩大国际交流与合作，拓展产业发展空间，不断增强市场竞争力。

与此同时，大力支持基础设施建设。围绕推进名特优新稀热带作物产业带建设，加大对天然橡胶等重要热带作物产品生产基础设施的投入力度，重点加强生产基地田间水利、良种繁育、道路和采后处理等设施建设。在天然橡胶优势种植区域内加快老胶园更新，重点推进低产残次胶园改造。有关地区进一步完善融资政策，鼓励企业和各类服务组织参与热带作物生产基地建设，立足优势产业带，创建现代农业示范区。积极引导社会资本加大对热带水果采后处理、保鲜加工、冷链运输等投入力度。

着力完善财政支持政策。根据热带作物产业发展的需要，在世界贸易组织有关规则的框架下，不断完善财政扶持政策，加大补贴力度，拓宽补贴范围。在天然橡胶优势种植区域内逐步扩大良种补贴覆盖面，研究天然橡胶非生产期抚育管理补贴政策。实施木薯生产基地建设补助，建立高产优质种苗应用示范基地。加大对主要热带作物标准化生产示范基地创建的扶持力度，实施高接换种等先进适用技术，加速老、劣、低产果园更新。建立健全热带作物产业风险保障机制，加大对天然橡胶保险的支持力度，支持各有关地区开展优势特色热带作物产品生产保险试点。

积极参与国际与地区间交流与合作。统筹规划热带作物产业国际合作，巩固和完善双边交流机制，积极拓展新的交流渠道。加大对国外新品种、先进技术和管理经验以及资金的引进力度，引导与支持国内科研机构、企业开展对外合作交流和开拓国际市场，在融资、保险、外汇收付等方面给予必要的政策扶持，并做好配套服务。积极应对国际市场竞争，加强对主要热带作物产品进口的预警监测，依法适时启动贸易救济措施。拓宽海峡两岸在热带作物生产、科研、贸易等方面的合作领域。

积极推进科技创新与推广应用。改善基础科研条件，提高热带作物产业基础研究水平。继续支持重点热带作物产品现代农业产业体系建设，鼓励建立热带作物产业技术创新战略联盟，加强产学研结合。大力支持种质资源的挖掘、引进、保存，大力培育具有我国自主知识产权的优良品种。积极支持开展油棕的引种试种。支持优质高效栽培技术、产后加工保鲜、病虫害防控和农业机械化等关键技术的研发及推广应用。深入开展科技特派员农村科技创业行动，鼓励企业、各类服务组织和科研人员深入基层创新创业和服务。以推广优良品种和关键技术为重点，加强农民技能培训。

强化产品标准化和质量建设。完善产品生产标准体系，推进生产标准化、管理集约化、产品优质化、经营产业化、销售品牌化，切实转变发展方式，全面提升产品的质量安全水平。加强病虫害监测与预警，推进科学防治和科学用药，提高病虫害专业化防治水平。支持企业和专业合作经济组织建立质量追溯监管制度，开展可追溯产品的推介促销活动。

建立健全产业发展长效机制。改进和加强金融支持热带作物产业发展的服务功能。完善产销衔接和市场监测调控机制，促进主产区和销区建立长期稳定、互利合作的产销关系。积极培育和做大做强热带作物产业化龙头企业，大力发展专业合作经济组织，提高产业组织化程度。推进有关农垦企业的内部体制与机制改革创新，鼓励场县共建，充分发挥农垦企业的示范带动作用。

新时代对热作产业提出了新要求、新任务，要深入贯彻落实习近平总书记重要讲话精神，坚持高质量、绿色发展新理念，转变热作发展方式，形成绿色生产方式和生活方式，做强做优热作产业，努力构建特色鲜明、布局合理、高效安全、绿色生态的热作产业发展格局，助力热区乡村振兴。

第四节　都市热带农业研究探索

一、研究背景

广东毗邻港澳台和东南亚“一带一路”国家及地区，是海上丝绸之路的发源地，是我国改革开放的排头兵和深化改革的前沿阵地，是全国经济最发达、最活跃的区域之一，具有鲜明的热带亚热带特色，是全球最先进的技术、最高端的人才和最充足的资金高度汇集地。该地区也是全国都市农业最早起源地之一，都市农业研究较早，发展较快，在广东、海南地方社会经济发展中起着重要作用，在全国都市农业研究中占有重要位置。但随着社会经济的快速发展，产业交叉融合和城乡一体化进程的加快，城镇化、工业化对城市、城郊带来土地资源紧缺、发展空间紧缩、环境污染加重、食品安全、城市功能完善、文化传承等系列严重问题，这些问题严重影响到城市和生态文明的协调发展。为此，都市农业已成为缓解资源和环境压力、服务城市多元功能诉求、助推城乡一体化发展的重要载体，也为有效解决这些问题提供了一条重要途径。

随着国家农业供给侧结构性改革的推进，人们对美好生活向往的需求也在不断多样化，同时我国城镇化建设的加快，人们日常生活的都市化也在不断加快，因而热带农业技术成果都市化发展也成为热带农业领域重要的研究课题，不断拓展热带农业功能，是适应我国农业现代化发展的迫切需要。2016 年，中国热带农业科学院为适应我国现代农业发展的需要，组建了“休闲与都市农业创新团队”，并责成中国热带农业科学院广州实验站（简称广州站，以下同），立足广州、珠三角，面向粤港澳大湾区筹建“中国热带农业科学院都市农业研究所（筹）”。

二、发展思路

广州站位于广州市花都区。广州，简称“穗”，别称羊城、花城，是广东省省会、副省级市、国家中心城市、超大城市，国务院批复确定的中国重要的中心城市、国际商贸中心和综合交通枢纽。截至 2018 年，全市下辖 11 个区，总面积 7 434 km^2，建成区面积 1 249.11 km^2，常住人口 1 530.59 万，城镇化率 86.46%。广州地处中国南部、珠江下游、濒临南海，是国家物流枢纽，国家综合性门户城市，首批沿海开放城市，是中国通往世界的南大门，粤港澳大湾区、泛珠江三角洲经济区的中心城市以及“一带一路”的枢纽城市。依据地理位置优势以及依托中国热带农业科学院丰富的技术、成果、资源，广州站成立了，以广州、珠三角、粤港澳大湾区都市人们美好生活向往为目标市场，集成创新并展现热带农业资源、技术、成果，满足都市人们美好生活方向的发展思路。即“集成创新、合作共享，三产融合、绿色发展”的发展思路。其中，集成创新是手段，合作共享是保障，三产融合是关键，绿色发展是途径。

（一）集成创新

经过几十年的发展，我国热带农业领域的资源、技术、成果异常丰富，但相当一部分技术成果仅限于热区生产领域，并没有全部真正体现并应用于满足都市人们多样化的生活需求上，部分成果各自为战，比较分散，形成不了体系，难以满足人们对美好生活的需求，需要对这些成果进行广泛的收集、加以甄别、重新进行集成、形成创新成果，才能真正满足都市人们的多样化需要，因此“集成创新”是发展都市热带农业的重要手段。这种集成既包括中国热带农业科学院内部各科研所、站之间的集成，也包括向全国热带农业领域各科研、教学、企业等单位的既有成果、技术、资源的集成，此外，还包括与国外合作单位的相关技术、成果的集成，总之一句话就是“放开思路、广泛集成”。

（二）合作共享

我国热带农业科研成果虽然丰富多样，但相当一部分成果分属于不同的科研机构和团队，需要建立合作机制，打破各自为战的局面，才能在集成彼此技术成果基础上，创新出更多更好的技术、成果和产品，满足都市人们的需要，合作双方共享更大的利益，实现多方多赢，只有合作共享才能保证各种热带农业技术成果能够快速转化为满足都市人们美好向往的需要，因此合作共享是发展都市热带农业的重要保障。合作共享的关键是建立共享机制，既包括外部共享机制，也包括内部共享机制。外部共享是集成创新的重要保障，只有共享才能实现源源不断的技术成果资源的汇聚；内部共享是实现协同创新，提升合力和凝聚力的重要保障。

（三）三产融合

随着人们生活水平的不断提高，人们对农业产品的需求也在不断地变化，已不仅仅停留在只看到商业化的农副产品，他们更渴望于能看到甚至体验到农业产品生产的全过程，这就要求都市热带农业的展现方式必须产前、产中、产后全产业链的展现，甚至还必须与休闲体验进行有机结合，实现三产融合，才能真正满足都市人们多样化的需要，因此三产融合是展现都市热带农业的创新成果的关键，没有三产融合都市热带农业的真正价值就很难得以真正的实现，三产融合是发展热带都市农业的关键。都市热带农业的三产融合,应着重抓好以下三个关键环节：一是要有产前、产中、产后的纵向产业体系，以延长都市农业的产业链；二是要有体验式的休闲农业模式，以提高都市农业的附加值，实现高质高效发展；三是要有人文故事的科普模式，通过人文故事的普及，实现三产融合，提升产业附加值。。

（四）绿色发展

都市农业供给侧改革的基本要求，就是高质量发展，只有安全可靠高质量的热带农业产品，才是都市人群真正的需要，要高质量发展的唯一出路就是坚持绿色发展。绿色发展是以效率、和谐、持续为目标的经济增长和社会发展方式。当今世界，绿色发展已经成为一个重要趋势，许多国家把发展绿色产业作为推动经济结构调整的重要举措，突出绿色的理念和内涵。绿色发展与可持续发展在思想上是一脉相承的，既是对可持续发展的继承，也是可持续发展中国化的理论创新，还是中国特色社会主义应对全球生态环境恶化客观现实的重大理论贡献，符合历史潮流的演进规律。都市热带农业必须走绿色发展的模式，让都市人们看得见摸得着绿色生产的全过程，才能让人们玩得开心、吃得安心。因此，绿色发展是发展都市热带农业的基本途径。

三、研究领域

围绕都市农业“创新、协调、绿色、开放、共享”的核心理念，注重基础研究和应用开发，设立都市热带农业特色生物种业、都市农业特色产品安全生产、都市农业设施与智能装备、都市农业环境与生态文明、都市农业创意与功能拓展、都市农业发展战略与规划设计 6 个学科。

（一）都市农业特色生物种业

设鲜食果蔬、观赏性植物、热带特色作物种质资源、热带特色畜禽等资源创新等学科方向。收集热带亚热带果蔬、观赏性植物、热带特色作物、热带特色畜禽等种质资源，将现代生物技术和传统育种有机结合，开展热带作物育种与繁殖研究；挖掘种质资源潜在特性，培育符合都市不同消费群体、消费用途和高附加值的植物新品种、新类型，以保障城市“菜篮子”安全、健康、有效供给，丰富市民餐桌，服务都市绿化，服务市民观赏与休闲。

（二）都市农业特色产品安全生产

设农产品安全生产、质量标准控制等学科方向。围绕农产品生产保障核心，开展绿色无公害农产品生产技术研究；开展农产品质量标准控制研究等，以提高都市农业农产品安全、绿色生产技术水平，保障餐桌安全。

（三）都市农业设施与智能装备

设城市特种空间农业、设施与“互联网+/物联网+”农业学科方向。重点研究阳台、屋顶、室内实现果蔬、绿植的无土栽培技术、智能化管理设备装备，以充分利用城市居民生活空间，改善城市居民居住环境，满足市民健康、休闲等多重需求；研究设施栽培所需基质、营养液、绿色防控等技术，辅以互联网/物联网技术，实现绿色生产、自动化智能管理与农产品全程跟踪溯源，以提高设施农业装备水平、管理水平与生产效率，提高都市农业农产品标准化与安全性。

（四）都市农业环境与生态文明

设城乡生态保育、立体种养、城乡垃圾综合利用与循环农业等学科方向。围绕城乡环境生态主题，开展城市环境、农业生产环境监测与生态保育研究；充分利用种植空间，开展立体种养技术研究；对城市垃圾、农业废弃物综合处理，开展城乡垃圾资源化利用研究；结合立体种养技术和垃圾资源化利用技术，开展循环农业模式研究，以提高物质和能量利用效率。

（五）都市农业创意与多功能拓展

设都市创意农业、农业多功能拓展学科方向。创意农业学科重点以创意生产和产品为核心，以农产品附加值为目标，指导人们将农业的产前、产中和产后诸环节联结为完整的产业链条，将农产品与文化、艺术创意结合，使其产生更高的附加值。多功能拓展学科通过科普、观光、体验、农耕等方式，拓展热带特色资源的生态、景观、生活、示范、辐射、文化等功能，重点开发基于作物种植、农事景观及乡土文化的创意设计、果实采摘、产品加工体验和产品展销的全产业链深度旅游体验活动，满足人们日益增长的对高品质消费品的需求。

（六）都市农业发展战略与规划设计

设都市农业发展战略、都市农业园区规划设计学科方向。重点从宏观经济、城市科学、农业科学等角度出发，开展区域都市农业发展战略研究，制定发展目标与思路，为政府部门决策与规划服务；从规划设计角度出发，开展都市农业园区、景区等规划设计研究，集成都市农业相关技术，因地制宜地设置都市农业特色模式，制定设计与实施方案，为相关企事业单位提供技术服务。

四、研究方向

根据广州、珠三角及粤港澳大湾区城市化率高、经济发达、人们生活水平普遍较高、对热带农产品需求量大、对热带特色农业认知需求突出等特点，拟定了“都市农业种质资源筛选与创新利用、都市农业绿色生产与技术集成、都市农业精准智能化生产、都市农业产品开发与应用、都市农业创意与设计、都市农业功能拓展、都市农业战略规划”7 个研究方向。

（一）都市农业种质资源筛选与创新利用

中华人民共和国成立后，特别是在改革开放后，我国热带农业得到了迅速发展，积累了丰富的农业种质资源，这些丰富的资源为满足我国人民美好生活向往需要提供了良好的基础。随着人们生活水平的提高，这些丰富的资源需要在原有收集保存的基础上，需要根据城郊及城市特种空间的需求进行重新筛选和集成，才能创新出满足都市人们对美好生活向往的需要。

主要内容：经过引进筛选适合屋顶、阳台、设施、观光体验等城市特种空间生产的特色种质资源，繁育及推广优异的种质种苗。

（二）都市热带农业绿色生产

绿色生产就是按照有利于生态环境保护的原则来组织生产过程，创造出绿色产品，以满足绿色消费。由于都市人们生活水平普遍较高，因而人们对日常农业产品的质量需求也更高，绿色消费、绿色产品已成为都市人们生活追求的新趋势，都市农业的绿色生产已成为必然。

主要内容：集成适合屋顶、阳台、设施、观光体验等城市特种空间的绿色生产技术，制定相关的技术规程、标准，并进行工程化应用。

一是以提高资源利用效率、促进结构优化调整为目标，全面建立都市型设施农业、节水型设施农业和节肥节能型设施农业三大生产技术体系，实现水、肥、土资源利用和管理集约化。重点任务包括：①都市设施主要蔬菜综合节水技术研发；②水肥耦合工程－生物－化学节水技术集成体系；③设施土壤环境综合治理及功能修复技术；④平衡施肥种植体系；⑤都市农业微滴灌等节水灌溉技术。

二是以病虫害防治安全化，以安全农作物生产为目标，加快都市农业设施病害综合防病技术集成，引进频振式杀虫灯诱集害虫、环境友好型土壤消毒等绿色安全防控技术，研发以生态控制、生物防治为主的病害控制综合治理技术，筛选一定数量重要害虫生物控制品，构建操作简便、生物防治措施为主的害虫控制技术体系。

重点任务包括：①都市小面积农作物害虫生物制品的筛选和以生物控制为主的害虫控制技术体系；②“两膜一网”“黄板诱杀技术”等物理防控技术；③小剂量生物农药和微生物肥料防治技术；④设施内的生态环境条件调控防治技术；⑤控制设施病害的新型环保生物农药和高效生物菌剂；⑥设施栽培 GAP 基地建设。

（三）都市热带农业精准与智能化生产

精准农业是以信息技术为支撑，根据空间变异，定位、定时、定量地实施一整套现代化农事操作与管理的系统，是信息技术与农业生产全面结合的一种新型农业，精准农业是近年出现的专门用于大田作物种植的综合集成的高科技农业应用系统；智能农业（或称工厂化农业），是指在相对可控的环境条件下，采用工业化生产，实现集约高效可持续发展的现代超前农业生产方式，就是农业先进设施与陆地相配套、具有高度的技术规范和高效益的集约化规模经营的生产方式。

随着我国城镇化率的提高、人口老龄化速度的加快，我国农业劳动力的数量在不断减少，存在着谁来种地的问题；此外随着农业生产资料、劳动力等综合成本的不断上升，农业综合效益有逐步下降的趋势，存在着价格“天花板”及生产成本“地板”的问题。精准智能化生产节约成本及减轻劳动强度，解决“天花板”“地板”及谁来种地问题已成为都市农业生产的必然。

主要内容：引进光温水肥及病虫害的数据采集、智能化控制等相关设备、系统，开发适合屋顶、阳台、设施、观光体验等适合城市特种空间的智能化技术、设备及产品。

一是以生产管理精准化、设施生产过程管理精确化为突破点，完成生产过程中的信息采集系统、模拟模型、管理决策系统建设，并与智能化装备相结合，实现设施生产过程的精确化管理，大幅度提高资源利用和生产效率。重点任务包括：①作物产量在线测量和精准施肥、精准播种、精准配药等机械设备开发；②温室环境监控系统；③精准灌溉系统；④基地 GIS 管理系统；⑤产品分级系统；⑥农业信息服务网络化技术平台；⑦电子标签全程跟踪系统。

二是以都市设施装备智能化推进装备和机械智能化，重点开发以农业物联网技术为核心，配置环境监测传感器、传输装置、中央控制器、数据处理、调控设备，完善配套适用设施装备，全面提升设施农业的现代化装备和机械化水平。重点任务包括：①基于物联网的日光温室环境智能化调控技术及设备研发；②水－肥－能一体化管理的精准机械化适用技术；③变量管理智能机械与设备（智能测产、精量播种、精量灌溉、变量施肥和喷药）；④高效播种机；⑤智能化高效农药喷洒机；⑥催芽出苗设备；⑦全自动嫁接回栽设备等。

（四）都市热带农业产品开发与应用

以满足都市人们高品质生活需要为目标，开展热带特色的园林、园艺产品、特色资源食品、休闲体验产品，以及满足城市特种空间（阳台、屋顶、室内、楼宇外立面等）需求的各种创意产品及工艺、工具等。

（五）都市热带农业创意

将都市热带农业与创意农业研究有机结合，围绕创意农业开展基础研究和应用研究。具体的研究内容包括：创意农业理论及工程设计理论研究、观赏作物资源开发利用及创意农业种质创新、都市特种空间农业技术利用、创意功能农产品开发利用等。围绕“乡村振兴”战略实施、美丽乡村建设和现代农业发展，使传统农业不断向“五养”（养生、养胃、养心、养智、养眼）、“五创”（理念创意、科技创新、产品创制、模式创优、文化创建）的新型农业业态转变。

主要内容：开展城市特种空间的景观创意及规划设计。

（六）都市热带农业功能拓展

2007 年中央一号文件指出：农业不仅具有食品保障功能，而且具有原料供给、就业增收、生态保护、观光休闲、文化传承等功能。建设现代农业，必须注重开发农业的多种功能。农业多功能性是指农业具有经济、生态、社会和文化等多方面的功能，它最终来源于土地的多效用性，并由土地资源边际效用所决定的土地资源价值量来衡量。根据国外的研究结果，结合我国的实际和研究，农业多功能性的含义可归纳为：农业多功能性是指农业具有提供农副产品、促进社会发展、保持政治稳定、传承历史文化、调节自然生态、实现国民经济协调发展等功能；且各功能又表现为多种分功能，各功能相互依存、相互制约、相互促进的多功能有机系统特性。

主要内容：根据都市人们对热带农业及其文化等的热切向往，在都市热带农业资源筛选、创新利用、绿色及精准智能化生产等的基础上，努力拓展都市热带农业的多种功能，特别是其观光、休闲、科普、教育、体验及健康功能，在城郊及城市特种空间等建立各种都市农业展现、体验园，为都市农业供给结构性改革提供服务和支撑。

（七）都市热带农业战略与规划

针对热带特色农业的客源需求和资源特色，整合当地文化，重点开展都市热带休闲农业园区建设及质量评价体系研究、发展模式创新与规划实践研究、发展机制及盈利模式研究、发展趋势及项目开发模式等都市休闲农业全产业链研究。重点解决的应用基础研究问题包括都市热带休闲农业需求分析、都市热带休闲农业园区建设及质量评价、热带发展模式创新等。

五、都市热带农业研究实践

自 2017 年起，中国热带农业科学院广州实验站，通过都市与休闲农业创新团队，围绕都市热带与休闲农业进行了一系列创新性研究，取得了一定效果。

（一）都市 / 休闲农业种质资源收集与创新利用

1. 建立都市农业优良品种评价标准

通过种质资源的收集与评价，建立了都市农业优良品种的评价标准：①产品在营养、健康、口感等品质优；②品种的抗性强（抗病虫害、抗逆），以大幅度减少农药使用量或不用农药；③品种除具有食用功能外，还可兼具观赏、药用、加工、科普等功能；④所选作物的产业链长，可挖掘初精加工产品，提升产业附加值。都市农业优良品种需符合 2 条以上标准。

2. 收集筛选评价及创新利用适合都市农业的种质资源

适合阳台、屋顶种植的种质资源。观赏蔬菜：引进瓜类、茄果类、豆类、根茎类、叶菜类等作物资源共 96 份，现已筛选出适合观光采摘体验、屋顶阳台栽培资源 49 份；自主选育出 4 个观赏辣椒和 1 个黑色番茄品种；纯化 5 份具有综合优良性状的观赏辣椒自交系及 2 份观赏盆栽番茄自交系。为阳台、屋顶农业提供了观食两用的蔬菜资源。

适合休闲采摘的种质资源。鲜食葡萄：引进鲜食葡萄品种阳光玫瑰、夏黑、京香玉、京翠、京蜜、宝光、蜜光、脆光等 10 余个品种，筛选出阳光玫瑰、夏黑等 9 个适宜广东地区推广的优质、挂果期长、适应性和市场反馈较好的品种。精品西瓜：引进精品西瓜品种 40 多个，筛选出适合都市农业市场需求且综合性状优良的品种 18 个。其中来自热科院的琼秀、琼丽、玲珑是品质表现优异的优秀品种，具有皮薄肉脆、口感好、单体质量适中、适合采摘、经济效益高、适应性广的特点，在都市农业的休闲采摘中表现突出。完成热研黑宝和琼丽品种登记。桑葚：引进桑葚品种近 50 个（果桑品种 35 个，叶桑品种 14 个），对各品种在华南地区的适应性、物候期、生长特性等进行观察，筛选出观赏性强的品种 2 个（鸡爪桑、九曲龙桑）、适合休闲采摘的品种 3 个（大十、台湾长果桑、白珍珠）、适合都市农业市场需求且综合性状优良的品种共 10 个。草莓：引进试种草莓品种 8 个，筛选出适宜休闲采摘的品种 2 个（甜查理、随珠）。油梨：引进油梨品种 8 份，筛选出适合广东气候条件的油梨品种 3 个（哈斯、福尔特、桂垦 2 号）。

适宜休闲体验的热带特色作物。热带香料饮料作物：在广州成功北移种植咖啡、可可、香草兰、糯米香、香露兜等品种 16 个，引种试种均获得较好的表现。

（二）集成创新南方都市 / 休闲农业绿色高效生产技术

1. 西瓜绿色高效生产技术集成创新

精品西瓜绿色高效生产技术，主要集成清洁高效基质，基质养分丰富高效；利用"富帝高"专用有机水溶肥改良酸性土壤，以"绿农林"微生物菌肥为追肥，增加有益微生物，改良了土壤中的微生物群落结构，改良土壤环境；研发智能化肥水系统，该系统利用压力系统将可溶性固体或液体肥料，按土壤养分含量和作物种类的需肥规律和特点，配兑成的肥液与灌溉水一起，通过管道系统供水供肥，均匀准确地输送至作物根部区域，实现了省肥节水、省工省力、降低湿度、减轻病害、增产高效的效果；利用防虫网、黄蓝板等病虫害绿色防控技术，降低西瓜病虫害，增加西瓜产量等。通过改善土壤养分、生长环境、病虫害控制等方面，现基本破除西瓜连作障碍，可实现西瓜的"一苗三收"、一年多茬、连茬重茬等绿色高效生产。目前精品西瓜稳定亩产可达 6 000 ~ 8 000 个，20 元 / 个，年亩产值可达 12 万 ~ 16 万元。举办了 4 期精品西瓜栽培技术培训班，学员 200 余人；建立西瓜示范基地 34 个，共 256 亩，基地分布广东 11 个地市级地区，取得了显著经济效益和社会效益。

2. 优质葡萄绿色生产技术集成

优质葡萄绿色生产技术，采用避雨栽培模式，极大降低了霜霉病的发生，有效减少了雨水对葡萄品质的影响；与假花生套种，利用假花生固氮特性，改良土壤环境，增加土壤养分；集成引进水肥一体化设备，节约人工成本；采用捕食螨、黄蓝板、性诱剂等害虫防控技术，降低害螨、飞蛾、果蝇、白粉虱等对葡萄生长和品质的影响，实现了优质葡萄的绿色高效种植。现已建立优质鲜食葡萄示范推广 16 个，葡萄稳定亩产可达 1 500 ~ 2 000 kg，产值达 9 万 ~ 12 万元 / 亩。

3. 热带特色香料饮料作物北移种植技术集成

在广州和江门，引进种植咖啡、可可、香草兰、香露兜和糯米香等香料饮料作物，种植面积 10 亩，建立了珠三角地区咖啡露天种植、可可和香草兰设施大棚栽培的模式，对热带作物的都市农业功能拓展起到重要作用。

4. 集成了绿色互作循环模式

建立西瓜 – 葡萄套种、西瓜 – 草莓 / 蔬菜轮作、葡萄 – 柱花草 / 假花生间作、木薯 – 西瓜 / 甜玉米 / 辣木间作套种的种植模式、木薯叶养鱼的循环养殖模式、种果养禽模式等互作循环模式，充分利用空间，并将农业废弃物变废为宝，实现循环利用，达到绿色互作的目的。

（三）精准智能化生产技术集成

1. 轻简化基质研发

以开发筛选无土栽培和家庭阳台盆栽应用的专用基质为目的，形成了 1 套基质生产技术，研发配制了 2 种专用基质。利用木薯渣和牛粪生产蚯蚓粪，建立蚯蚓粪生产技术 1 套；研制了椰糠：稻壳炭：泥炭 =10 ： 0.5 ： 1.5 的精品西瓜专用基质；研制了椰糠：土壤：牛粪 =7.5 ： 2.5 ： 4 的观赏辣椒盆栽基质。同时引进了基质搅拌机，可规模化生产轻简化基质。

2. 都市 / 休闲农业设施大棚的应用与改造

根据都市 / 休闲农业作物生长的需求及广东气候的特点，形成了“顶部防雨薄膜、四周防虫网”的西瓜设施大棚，“顶部防雨薄膜、四周通风”的葡萄避雨高棚，“顶部防雨薄膜，四周夏季通风冬季覆膜”的热带作物保温棚。对连栋大棚的顶部以锯齿边通风的形式，自然降低夏天温度，对台风高发地区，选择加粗支柱，水泥基柱的方式加固。

3. 西瓜精准智能化育苗设备应用

在西瓜育苗中引进了基质搅拌机、全自动播种机、育苗补光增温设备等，并编制了精品西瓜育苗规程，规范了催芽、基质配制等过程，实现育苗过程自动化、机械化、标准化。编制了《精品西瓜基质优质高效栽培管理技术规程》1 个。

4. 简易肥水一体化设施在都市 / 休闲农业中的应用

文丘里简易施肥设备已在西瓜、葡萄、牛油果、香草兰等多种作物上应用，其投资少、安装使用简便、省肥节水省工，已广泛应用于各示范基地。同时，还形成了西瓜的专用配方施肥标准。

（四）都市农业功能拓展模式研究

以都市人群美好生活需要为目标，以特色热带作物为对象，集成既有品种、技术和成果，建成集作物种植、科普观光、休闲体验、产品展销于一体的特色休闲体验模式。

1. 集成建立香草兰休闲体验模式

在广州，通过设施栽培，成功引进香草兰 600 m^2，有效防控香草兰软腐病，香草兰长势良好；编写香草兰科普知识手册 1 套，开展香草兰科普知识讲解活动；建立香草兰品尝馆开展香草兰茶、香草兰汤、香草兰酒、香草兰香水等体验活动；建立科技产品展销厅开展香草兰系列产品科普展销活动，形成香草兰休闲体验模式。

2. 集成建立咖啡休闲体验模式

在广州成功引进种植咖啡 3 亩，种植展示咖啡品种 12 个；编写咖啡科普知识手册 1 套，出版《咖啡、可可，越懂越爱》科普图书 1 本，开展咖啡科普知识讲解活动；建立咖啡体验馆，购进咖啡烘焙机、咖啡系列研磨机、咖啡系列冲泡机、咖啡系列品饮杯具等，开展咖啡加工体验活动；建立咖啡产品展销厅开展咖啡科普展销活动，形成咖啡休闲体验模式，采用小锅烘焙技术开发咖啡休闲体验产品 1 个。

3. 集成建立巧克力休闲体验模式

在广州，通过设施栽培成功引进种植可可 3 个品种约 400 m^2，种植展示可可，可可开花结果良好；编写可可科普手册 1 套，出版《咖啡、可可，越懂越爱》科普图书 1 本，开展可可科普知识讲解活动；引进调温、造型、冷冻、包装等设备开展巧克力加工体验，设计自主知识产权 LOGO 标识包装，建立可可产品展销厅开展可可系列产品科普展销，形成独特巧克力休闲体验活动模式，开发巧克力休闲体验产品 1 个。

4. 集成建立健康木薯休闲体验模式

引进健康食用型木薯品种，在广州开展木薯生态化种植展示；编写木薯科普知识手册 1 套，开展木薯科普知识讲解；引进木薯加工设备 1 套，开展木薯食品加工体验；引进木薯贮藏保鲜设备 1 套，开展木薯采挖及食品品尝体验；建立了木薯全产业链的休闲体验模式。

5. 集成建立优质葡萄休闲采摘模式

引进筛选甜度高、风味独特、果熟期相互交错的葡萄优良品种 6 个，通过集成设施化、园艺化、绿色化等技术，开展南方优质葡萄生态化种植展示；编写优质葡萄绿色种植科普知识手册 1 套，开展葡萄绿色种植科普讲解；建立南方优质葡萄的“品尝－摄像－采摘销售一体”的休闲体验模式。

6. 集成建立精品西瓜休闲采摘模式

筛选观赏性高、皮薄肉脆、水分多、甜度高的精品西瓜品种；通过集成设施化、园艺化、绿色化等技术，开展精品西瓜绿色高效种植技术展示；编写西瓜绿色高效种植科普知识手册 1 套，出版《精品西瓜种植技术规程》视频光盘 1 份，建立精品西瓜“品尝－摄像－采摘销售一体”的休闲体验模式。

7. 果桑休闲采摘体验模式

筛选出适合都市农业市场需求且综合性状优良的品种共 10 个，分别在湛江、广州开展生态化种植展示，编写果桑科普知识手册，开展果桑科普知识讲解；建立果桑产品展销厅，开展果桑科技产品的科普展销，形成果桑“品尝－摄像－采摘销售一体”的休闲采摘模式。

8. 建立都市农业休闲体验园

以都市人们美好生活需要为目标，以特色热带作物为对象，集成热科院既有品种、技术和成果，形成了西瓜、葡萄、果桑等优质水果的休闲采摘模式和香草兰、咖啡、可可、木薯等热带特色作物的休闲体验模式，并以功能拓展的形式融合应用于都市农业体验园中。体验园热带特色鲜明、四时鲜果、体验活动新颖、产品健康安全、深受市民喜爱，近 3 年来，共主办体验活动等 100 多场次，受益游客达 10 万人次，创造经济效益 210 多万元。

第六章　都市热带农业发展模式及案例

第一节　五官体验创建三位一体兴隆热带植物园

一、概况

兴隆热带植物园，位于海南省著名风景旅游区兴隆温泉旅游区内，占地面积 42 hm^2，距海口市 176 km，距三亚市 97 km。这里东临南海，属典型热带季风气候，适宜于各种热带亚热带植物的生长发育。由于兴隆独特的地理位置和气候条件，1957 年中国热带农业科学院香料饮料研究所（简称香饮所，以下同）选定这里作为国内外热带亚热带作物（植物）种质资源收集保存及创新利用的重要基地。

经过综合分析，兴隆热带植物园确立了以国内旅游团队为目标市场，运用休闲农业基本原理，按照科普体验型休闲农业设计思路，制定以热带香料饮料作物作为核心，特色热带植物资源及科研成果等为依托的发展思路，将兴隆热带植物园划分为五大功能区：植物观赏区、试验示范区、科技研发区、立体种养区和生态休闲区；将植物资源分为十二大类：热带香辛料植物、热带饮料植物、热带果树、热带经济林木、热带观赏植物、热带药用植物、棕榈植物、热带水生植物、热带濒危植物、热带珍奇植物、热带沙生植物和蔬菜作物；在参观游览线路中按照视觉、听觉、嗅觉、味觉、触觉五官体验为内容，设计配置相关物种和景观，让游客享受“五官体验之旅”的休闲农业产品。

二、建设依托单位概况

香饮所是我国唯一专业从事热带香料饮料作物产业化配套技术研究的综合性科研机构，主要承担我国胡椒、咖啡、香草兰、可可、苦丁茶、糯米香茶、香叶露兜等热带香料饮料作物，可拉、瓜拉那、神秘果、卡瓦胡椒等功能性热带植物，波罗蜜、面包果等木本粮食作物，番木瓜、火龙果、山竹子、红毛丹等特色热带水果的配套研发任务。占地面积 42 hm^2，现有在岗职工 112 人，其中科技人员 75 人（高级职称 33 人，研究生学历人员 50 人），设有种质资源与遗传育种室、栽培与耕作、病虫害防控、产品加工、热带作物工程技术、热带生态农业、香料饮料作物 7 个研究室，香草兰、胡椒、咖啡、可可、特色茶、特色香料、热带木本粮食作物 7 个研究中心。

三、创建优势

1995 年，香饮所开始探索立足自身优势，走以热带农业科研为基础，特色产业为依托，发展观光旅游业的发展思路，并于 1997 年开始研究探索“科学研究、产品开发、科普示范三位一体”发展模式，将原有热带植物标本园及试验示范基地进行改造，建立与市场接轨的综合性兴隆热带植物园。

（一）气候优势

兴隆热带植物园位于北纬 18° 45′，东经 110° 13′，年均气温 24.5℃，积温约 8 800℃，最冷月均温 > 18℃，平均极端低温 8.0 ～ 9.0℃，绝对低温 6.2℃。年均风速 2.2 m/s。光照充足，热量丰富，光合潜力大，年日照时数为 2 196 h，年太阳辐射总量 121.5 kJ/cm^2，光合潜力为 63.75 ～ 60 t/hm^2，属典型的热带季风气候区，绝大多数热带、亚热带植物在这里均能正常生长开花结果，有着我国其他热带、亚热带地区所不可比拟的独特的气候条件。

（二）科研优势

兴隆热带植物园与香饮所实行“两块牌子，一套人马”的管理模式，香饮所自 1957 年成立以来就以热带香辛饮料作物为主要研究对象，是我国唯一专业从事热带香料饮料作物产业化配套技术研究的综合性国家级科研机构，经过几代科技工作者的不懈努力，积累了丰富的特色物种资源和丰硕的科技成果，至 1997 年，已收集保存各种特色热带植物 300 多种，鉴定验收成果 24 项，获省部级以上成果奖励 16 项，并研发生产白胡椒、兴隆咖啡、香草兰豆荚等特色产品，这些资源和成果为兴隆热带植物园发展休闲农业提供了丰富的内涵。

（三）市场优势

兴隆热带植物园地处兴隆温泉旅游区，距兴隆温泉旅游区仅约 3 km，由于兴隆丰富的温泉康乐、东南亚华侨文化等的吸引力，自 20 世纪 90 年代始，到海南 3 天以上的旅游团，其中必有 1 天入住兴隆华侨农场。据统计，自 1997 年以来，到兴隆温泉旅游区观光游览的游客达到 200 万人次 / 年以上，为兴隆热带植物园奠定了良好的市场基础。

四、创建内容

（一）视觉体验

1. 特色景观，全园贯穿

利用植物园得天独厚的气候优势，设立园林绿化部门专门负责从绿化、美化、园林化、生态化 4 个层面确保植物园的优美景观，发展休闲农业，确保植物园绿化率常年在 85% 以上，环境整洁优美，给人舒服的视觉体验，特别是在冬春季节北方大部分地区已是冰天雪地，但植物园区仍然生机盎然，随处可见绿意葱葱（图 6–1）。

图 6–1　热带景观主色调

2. 奇花异果，争奇斗艳

兴隆热带植物园属于热带季风气候，热带植物资源丰富多彩，一年四季花果常在，为向广大旅游者充分展现热带植物的奇特景观，根据热带植物的不同特性，专门设置了不同季节的观花、观果、观叶植物，确保游客一年四季都能欣赏到独特的热带植物景观。如以观果为主的波罗蜜、尖蜜拉、木瓜、榴梿、山竹、炮弹果、鸡蛋果、可可、椰子、红毛丹、杧果、荔枝、龙眼、金星果等；以观花为主的火炬姜、龙船花、三角梅、兰花、红掌、睡莲、炮仗花、蒜香藤、垂花火鸟蕉、凤凰花等；

以观叶观茎为主的母生树、大王棕、圆叶轴榈、红刺露兜、小叶地不容、锦屏藤、变叶木、朱蕉、红背桂、黄金碧玉竹等。

（1）观果植物（图 6-2 至图 6-15）。

图 6-2 酸杨桃

图 6-3 炮弹果

图 6-4 林那果

图 6-5 榴梿

图 6-6 蛋黄果

图 6-7 腰果

图 6-8　颤毛蕉

图 6-9　尖蜜拉

图 6-10　油棕

图 6-11　加椰杧果

图 6-12　红毛丹

图 6-13　莲雾

图 6–14　大果榕

图 6–15　面包果

（2）观花植物（图 6–16、图 6–17）。

图 6–16　垂花火鸟蕉

图 6–17　火炬姜

（3）观叶植物（图 6–18、图 6–19）。

图 6–18　剑麻

图 6–19　金星果

3. 标准示范，文化展示

利用植物园的科技优势，设置了胡椒、咖啡、可可、香草兰、苦丁茶、糯米香等热带香料饮料作物的标准化示范园和文化长廊，整齐规范的园区既普及了这些作物的标准种植方式又给人优美的视觉享受和文化体验（图 6–20 至图 6–37）。

图 6–20　咖啡文化长廊

图 6–21　咖啡园

图 6–22　咖啡果（董云萍提供）

图 6–23　香草兰文化长廊

图 6-24　香草兰园

图 6-25　香草兰豆荚

图 6-26　胡椒文化长廊

图 6-27　胡椒园

图 6-28　胡椒果实

图 6–29　可可文化长廊

图 6–30　可可园

图 6–31　可可树

图 6–32　香叶露兜示范园

图 6–33　香叶露兜文化长廊

图 6–34　苦丁茶示范园

图 6–35　苦丁茶文化长廊

图 6–36　糯米香示范园

图 6–37　糯米香文化长廊

4. 有机搭配，自然优美

注重各种热带植（作）物的配植，根据植物对水分、阳光、土壤等条件的需求，合理利用空间，使乔木、灌木、地被等热带植（作）物高低错落，使园中每个区域均有特色热带植（作）物供游人观赏。

（二）听觉体验

1. 科学讲解，生动有趣

植物园配置了专业的解说员对热带植物知识进行科学、生动的讲解（图 6–38），主要从 3 方面进行讲解：①以热带香辛饮料和特色植物为主的热带特色植（作）物知识，主要有胡椒、咖啡、可可、香草兰、椰子、苦丁茶、糯米香茶、玉兰花、橡胶、香叶露兜等约 3 000 多种特色热带植物；②与热带植（作）物相关的旅游产品知识；③生动有趣的植物故事，如见血封喉、旅人蕉、神秘果等。

图 6–38　科普解说

2. 蝉鸣虫啾，自然天籁

园区内优美的生态环境，有效地保护了生物多样性，特别是园区内长年不断的花、果、水等资源吸引了周边地区许多野生动物到园区憩息。据不完全统计，目前园内有各种鸟类、昆虫等野生物种 300 多种。这些丰富的鸟类、昆虫资源为进入园区的游客提供了美妙的听觉享受，每当晨昏、午后或夜晚，各种鸟鸣、蛙声、虫啾组成一曲曲动听的旋律（图 6–39）。

3. 小溪音乐，优美享受

在主要游览线路设置小溪流水，既保证了园区空气湿度，又制造了园区优美的水声效果。此外，在主要线路设置环园音箱，定时播放与环境相协调的优美音乐。让你走进园区就能在鸟鸣、流水和美妙的音乐声中，聆听美丽的植物故事、特色热带植物知识，在充分获得听觉享受的同时，又获得了丰富的知识。

4. 博士讲堂，文化大餐

园区充分利用研究所的人才优势，聘请具有高级职称或博士学历的科技人员作为导师，不定期举办各种具有深厚文化韵味的热带作物知识的博士大讲堂，免费向广大中小学生、旅游参观者讲授热带农业文化及相关知识：叶子的秘密、咖啡品饮文化、香料文化、胡椒文化、巧克力文化、热带雨林文化、珍稀植物保护、智慧植物文化、奇趣的昆虫世界等，讲堂上各位导师精心准备，既有生动的 PPT 展示，还有各种实物、工艺流程展示等，让广大旅游者在聆听文化大餐的同时，还能亲身感悟各种特色产品的文化魅力（图 6–40）。

图 6-39　自然天籁

图 6-40　博士讲堂：咖啡品饮文化

（三）嗅觉体验

1. 天然香气、芬芳醒脑

嗅觉体验以热带香料饮料作物和特色热带花卉散发的自然香气为核心，在每条旅游线路上，根据不同季节布置各种香料植物品种，使园区不同区域弥漫着不同的芳香气息，让进入园区的游客随时享受特色热带香辛饮料植物的芬芳。如咖啡花、玉兰花、茉莉花、九里香、米仔兰、栀子花、糯米香茶、香叶露兜等散发的天然香气等（图 6–41）。

咖啡花　　玉兰花

图 6–41　香气浓郁香料植物

2. 精深加工，香气袭人

利用植物园自有成果，自主研发具知识产权的各式具有浓郁热带特色的旅游产品，并在园区旅游线路上建立中试加工厂，各种特色香料饮料产品加工过程中散发出来的浓郁香气，一扫游客旅途疲惫，强烈激发旅游者的浓厚兴趣。

（四）味觉体验

1. 特色产品，色香俱全

在旅游线路的终端统一设置休息接待品尝区，既为旅途劳顿的游客提供休憩放松场所，又免费为游客提供自主研发的咖啡、可可、香草兰、苦丁茶、糯米香茶、热带特色鲜果冰激凌等系列产品的品尝服务，让游客亲身体会一种惬意而又难以忘怀的服务（图 6–42）。

不同品种的特色饮料

宽敞舒适的休息品尝室

图 6-42　品尝体验

2. 天然自产，冰爽味鲜

利用园区各种自产新鲜特色热带水果及纯天然香料，制作各种热带鲜果冰激凌：香草兰、糯米香、香叶露兜、波罗蜜、榴梿、杧果、巧克力等，在四季如夏的海南既能冰爽游客的身心又能极大地挑动游客的味觉神经，使游客的精神得到放松（图 6-43）。

图 6-43　热带鲜果冰激淋

（五）触觉体验

1. 特色自然，尽情拥抱

植物园四季如春，花果常在，是富有魅力的植物天堂，是花的世界，是果的田园，是树的王国，是绿的海洋，园区在不同线路上为游客设置照相点，游客在这个奇妙的热带植物世界里可以随意地、零距离地同各式热带水果、热带花卉、珍稀特色热带植物合影留念，让游客真实体验看得见摸得着、亲近自然、拥抱自然的感觉（图 6–44）。

图 6–44　园区触觉体验

2. 自己动手、乐享其中

植物园设置了科技产品体验馆，游客可在其中 DIY 制作各式特色产品：手工制作巧克力、调配香水、烘焙咖啡豆、制作椰香脆饼、植物书签等，在身心得到完全放松的同时，还能与亲朋分享自己的劳动成果（图 6–45）。

巧克力制作

椰香脆饼制作

图 6–45　触觉产品开发

五、主要成效

（一）市场效益

兴隆热带植物园的建立，填补了我国热带农业科技旅游与休闲农业相结合的空白，具有较高的市场影响力。1997 年开园以来，植物园先后共接待旅游者达 2 000 多万人次，从 1997 年开园年接待游客不足 10 万人，到最高年接待量达到 180 万人，年均旅游接待增长率为 31.3%，除 2003 年因受“非典”疫情影响，游客量下滑外，2002 年后园区游客量均保持在 100 万人次以上；在旅游服务水平上，游客意见评价根据 2002—2010 年抽样调查，植物园综合服务质量、环境质量、景观质量等平均游客满意率达 94%，美誉度和亲和力较高，并受到旅游界和专家的认同及好评，被海南省旅游局等授予“海南省优秀旅游景点”；被中国社会调查所海南分所授予“社会公认满意旅游景区”。兴隆热带植物园坚持以“顾客至上，服务第一”为宗旨，并先后获得“国家 AAAA 级旅游区”、首批“全国农业旅游示范点”、首批旅游景区全国“青年文明号”“全国中小学生研学实践教育基地”“全国青少年教育基地”“全国农村科普示范基地”“中国青年科技创新行动示范基地”“海南文明风景旅游区示范点”“海南省优秀旅游景区（点）”“海南省十佳旅游景点”“海南省首批省级中小学生研学旅行实践教育基地”“最具影响力的海南知名旅游景点”等荣誉称号。

（二）生态效益

1. 引种保存的植物种群数量不断增加

1997 年，引种保存的物种数量仅为 300 多种，随着休闲农业的发展，植物园不断加大引种力度，截至目前共收集保存约 3 000 多种特色热带植物，年均引种增长率达 47.6%，有效地保护了园区植物多样性，并促进了热带植物资源的可持续利用。

2. 野生动物品种不断增加

1997 年以前，植物园内野生动物较少，通过 ISO14001 国际环境体系对园区生态环境管理和维护，园区生态环境大幅度改善，吸引了越来越多的动物在此停留栖息，细心的游人都有机会看到敏捷的壁虎、蜥蜴、可爱的松鼠、美丽的蝴蝶、燕子和神秘的猫头鹰等。

（三）科研效益

1. 园区物种保存能力不断增强

随着休闲农业的发展，园区面积从 1997 年的 12 hm^2 扩建为现在的 42 hm^2，修建了 3 座共 4 000 多 m^2 的温室保存大棚和 7 000 多 m^2 的网室大棚，组建了种质资源研究室、种子库、组培室等，大大增强了植物资源的保存能力。

2. 园区科研实力不断增强，成果不断涌现

为不断增强科研对休闲农业的支撑作用，随着休闲农业的发展，园区不断增强科研能力建设。先后新建了科研辅助用房 13 000 m^2，中试工厂总面积 6 600 m^2。2000 年以后，随着综合实力的不断增强，先后建立了国家重要热带作物工程技术研究中心基地部、国家引进国外智力示范单位、农业农村部热带香料饮料作物种质资源圃、农业农村部万宁胡椒种质资源圃、农业农村部香辛饮料作物遗传资源利用重点实验室、海南省热带香辛饮料作物遗传改良与品质调控重点实验室、海南省热带香料饮料作物工程技术研究中心和海南省农业科技 110 香料饮料专业服务站国家和省部级科技平台 8 个，云南咖啡创新基地、万宁兴隆咖啡研究院院地院企平台 2 个；在万宁兴隆、长丰、南林及琼海大路镇等乡镇自建试验示范基地 980 亩；在 2005 年以后，陆续引进具有硕士以上学位人员 50 多人，建立院所两级创新团队 15 个；取得科研成果 140 多项，其中获国家级、省部级成果奖励 41 项，包括国家科学技术进步二等奖 2 项、三等奖 1 项，海南省科技进步一等奖 5 项、科技成果转化一等奖 2 项；通过全国热带作物品种审定委员会审定品种 3 个（热引 1 号胡椒、热研 1 号及热研 2 号咖啡），通过农作物品种审定委员会品种认定 4 个（热研 3 号、4 号咖啡，热引 3 号香草兰，热引 4 号可可）；获授权发明专利 56 项、实用新型专利 10 项；制定技术标准 44 项；发表论文 800 余篇，其中 SCI/EI 收录 45 篇，影响因子大于 3.0 的 9 篇，出版专著 54 部。

3. 园区接待能力不断提升

随着休闲农业的发展，植物园不断加强基础设施建设，接待能力逐年增强，游览参观线路由原来的 1 条增加到了 5 条，设置了专门的电瓶车通道和贵宾通道，修建了可同时容纳 1 500 多人休息的生态型休息品尝区、150 多 m^2 的游客中心、300 多 m^2 的司机导游休息室等，接待能力由 1997 年的 50 多万人次 / 年上升到现在的 200 万人次 / 年以上。

（四）产业效益

兴隆热带植物园从提高农业附加值出发，结合旅游资源优势，加强热带作（植）物相关的旅游新产品研发，共研发生产具有自主知识产权的科技产品有天然香草兰、胡椒调味品、兴隆咖啡、风味巧克力、特色味茶、即冲饮品、植物香水香氛、特色

果品、东南亚食品、风味冰激凌等十大系列200种，这些系列产品的研发及中试生产，既保证了园区及研究所试验示范基地生产各种作物有较好且稳定的收入，又通过旅游农业的良好模式，极大地拉动了当地各种农副产品的销售，据不完全统计，通过兴隆热带植物园的带动，兴隆周边各种旅游购物及景区先后达到了20多个，年销售各种旅游产品达万吨以上，社会效益达40多亿元，极大地带动了当地咖啡、胡椒、苦丁茶、椰子、槟榔等作物的行业发展。先后培育并发展了海南的特色香料饮料产业，如兴隆咖啡、椰香脆饼、苦丁茶、鹧鸪茶、香草兰、香叶露兜等。

（五）社会效益

通过开发农业科技旅游，兴隆植物园为社会做出了较大贡献。主要体现在以下几方面。

随着植物园的不断发展，植物园每年陆续面向地方招聘各种服务岗位，高峰期每年向地方提供直接就业岗位达700多个，间接提供就业岗位3 270个。较好地解决了香饮所富余人员、家属及其周边居民的就业问题，带动了园区及周边农业劳动者致富，创造了健康、安全、殷实的小康生活。

兴隆热带植物园自1997年开园以来，一直是当地政府的诚信纳税示范户，先后累计向地方上缴各种税收达9 000多万元，年均增长率达256%，为地方财政做出较大贡献，并带动兴隆地区餐饮、住宿、娱乐、交通、购物等旅游行业的发展，有力地促进了地区产业结构调整和经济的发展。

发展经济的同时，植物园不断加强精神文明建设。2001年植物园通过国家AAAA级旅游景区的评定，2002年又通过ISO14001国际环境管理体系和ISO9001国际质量管理体系的双认证。通过对上述体系的宣传，大大提高了员工的文明素质。同时，通过员工的行动，辐射带动了周边地区广大群众的精神文明建设。以前周边地区百姓日常生活中存在的许多不文明现象，如不讲卫生、言语粗俗、偷盗、懒散、酗酒等，都得到了极大的改善，使植物园周边农村的精神面貌上了一个新台阶。

（本节内容摘编自中国热带农业科学院香料饮料研究所及兴隆热带植物园网站，部分图片由邓伦栋、赵溪竹提供）

第二节　特色棕榈造就椰子大观园独特景观

一、概况

椰子大观园位于我国“椰子之乡”——海南省文昌市，毗邻海南著名风景区东郊椰林，具有浓厚的椰乡文化背景及资源。为充分展现以椰子为代表的特色热带棕榈的独特魅力，依托中国热带农业科学院椰子研究所（以下简称“椰子所”）雄厚的科技力量和丰富的科研基础，在椰子所原有椰子种质资源库的基础上，设计建设成以棕榈科植物收集保存为主，集科研科普、旅游观光、休闲娱乐为一体的，具有浓郁椰子文化特色的生态乐园。

椰子大观园总占地总面积 816 亩，设计为解说中心区、椰林观赏区、棕榈观赏区、园艺观赏区、湖滨休闲区、产品开发区和科技研发区七大功能区。其中椰林观赏区 110 亩，包含世界各地椰子品种 17 种，有海南本地高种椰子、红矮椰子、绿矮椰子、马来西亚金椰、西非高种椰子等；棕榈观赏区 98 亩，含有包括糖棕、董棕、贝叶棕、油棕等珍稀棕榈植物在内的 130 多种棕榈，是我国目前品种最齐全的、最有特色的棕榈科植物王国；产品开发区和科技研发区是集中展示椰子饮食、产品、历史和精神文化的观赏区域。园区还配套有特色椰果品尝、垂钓、烧烤、户外露营等休闲娱乐项目。

二、建设依托单位概况

椰子大观园由椰子所开发管理。椰子所始建于 1979 年，主要开展椰子、油棕等热带油料和槟榔、椰枣等热带经济棕榈植物的科技创新、成果转化和“三农”服务工作。现有土地面积 6 737.587 亩，在职职工 142 人，其中科技人员 85 人，高级职称人员 33 人。拥有实验室和试验用房 1.5 万多 m^2，科研及办公设备共 883 台 / 套，承建国家重要热带作物工程技术研究中心（椰子研发部）、国家花生工程技术研究中心（海南花生科研工作站）、农业农村部热带油料科学观测实验站、海南省热带油料作物生物学重点实验室等省部级以上科研平台 14 个，并建有良种良苗繁育和标准化试验示范基地，椰心叶甲天敌寄生蜂繁殖场和椰子加工中试工厂；收集保存了来自世界 60 多个国家的油料和棕榈（种质）资源，共 62 个属 170 多个种 1 600 多份。先后承担国家科技支撑计划项目、国家自然科学基金项目、公益性行业（农业）科研专项、海南省重大科技专项等省部级以上科研项目 530 余项；获省部级以上科技奖励 35 项，其中国家科学技术进步二等奖 1 项，全国农牧渔业丰收奖一等奖 1 项，海南省科学技术进步特等奖 1 项、一等奖 2 项；获批国家专利 113 项，其中发明专利 62 项；发表论文 1 000 多篇；出版著作 55 部；主持制修订国家、行业和地方标准 54 项。自建所以来，椰子所陆续引进椰子、油棕、椰枣等作物的一系列优异种质资源，建立了椰子和油棕再生体系，选 / 培育具有自主知识产权的椰子、槟榔和油茶新品种 9 个；应用生物防治和生态控制等技术，有效地监测与防治了椰心叶甲等重大外来入侵生物的为害；掌握了椰子、油棕、槟榔等作物的综合深加工技术，为我国热带油料和经济棕榈产业的健康持续发展提供了强力支撑。

三、创建内容

（一）椰林森林浴

研究表明，椰林空气中的负离子含量是城市市区空气的 400 倍，徜徉在这翠绿欲滴的森林中，呼吸着纯净的空气，使人神清气爽，备感舒适。

（二）椰文化鉴赏

椰子文化以诗词歌赋、童话民谣在椰乡传播已有千百年之久。椰子大观园借助现代技术，通过文字、图片、实物等方式，将深厚的椰乡文化完整呈现在园区内。椰树多生活在海边，常受台风摧残。但即使树干倒下，椰子树依然根向下，茎向上生长，表现出顽强的生命力。椰子大观园内保存有一片受台风影响的椰子林，通过此林向参观者展示椰树坚韧不拔、无私奉献的精神（图 6–46）。

图 6–46 “椰树精神”教育基地

（三）海南乡土椰制品展

在海南，尤其是文昌，椰子不仅仅是一棵树，还是人们生活中不可或缺的成员，每家每户都有使用椰子制品的习惯，如椰壳制成的水瓢、椰叶编成的凉席、椰子树干制成的勺子、筷子；椰根编成的框、椰外衣制成的扫帚等。在椰子栽培种植的东南亚一带，人们对于椰子的利用与海南类似，但因宗教信仰、文化风俗的不同，他们的椰子制品中充满了异国情调，同样的椰子制品传递着不同的文化韵味（图6–47）。

水瓢

椰壳镶贝雕花瓶

椰树凳

椰壳纸巾盒

图 6–47　海南乡土椰制品

（四）不同品种椰子形态欣赏

我国椰子种质资源十分丰富，但主栽品种并不多，海南本地高种是我国传统的主栽品种。在20世纪50年代，我国先后引进矮种椰子。矮种椰子植株矮小、结果早，单株年产量可达200多个，平均100个左右。但矮种椰子椰果较小，椰干质量较差，含油率低，不利于产品深加工；多为水果型椰子鲜食，椰肉细腻柔滑，椰子水鲜美清甜，是最佳的天然无公害饮料。根据叶片和果实颜色，矮种椰子可分为红矮、黄矮、绿矮三大类型，形态各异，极具观赏价值。

文椰2号是由中国热带农业科学院椰子研究所选育的一种黄矮椰子，株高12 ~ 15 m，果皮黄色，椰肉细腻松软，甘香可口，椰子水鲜美清甜，发育7 ~ 8个月的嫩果椰子水总糖含量达6% ~ 8%。

文椰3号是由中国热带农业科学院椰子研究所选育的一种红矮椰子，株高12 ~ 15 m，果实小，果皮红色，椰肉细腻松软，甘香可口，椰子水鲜美清甜，发育7 ~ 8个月的嫩果椰子水总糖含量达8%。

文椰4号是由中国热带农业科学院椰子研究所选育的一种绿矮椰子，亲本为香水椰子。株高12 ~ 15 m，果皮绿色，椰肉细腻松软，甘香可口，椰子水鲜美清甜，椰子水和椰肉均具有特殊香味。该品种是优良的嫩果型椰子品种，嫩果的市场价格高于其他品种数倍。

文椰5号是由中国热带农业科学院椰子研究所选育的一种早花、早果、超高产小果类型的甜水红椰子，亲本为东南亚甜水红椰。植株矮状，平均株高10 ~ 15 m，果皮棕红色，果形圆润，椰壳及果肉薄，椰水清甜，糖和蛋白质含量高，可食率高，适宜作为鲜果食用。种植后3 ~ 4年开花结果，平均年株产果120个，高产可达300个，6年后进入高产期。

文椰6号是由中国热带农业科学院椰子研究所选育的一种早花、早果、超高产小果类型的甜水绿椰子，亲本为东南亚甜水绿椰。植株矮状，平均株高12 ~ 15 m，果实小，皮绿色，果形圆润，椰壳及果肉薄，椰水清甜，糖和蛋白质含量高，可食率高，适宜作为鲜果食用。种植后3 ~ 4年开花结果，平均年株产130个，高产可达350个，6 ~ 7年后进入高产期。

图6-48为文椰2号、文椰3号、文椰4号、文椰5号、文椰6号及海南本地高种的形态鉴赏图。

文椰 2 号

文椰 3 号

文椰 4 号

文椰 5 号

文椰 6 号

海南本地高种

图 6–48　椰子品种形态鉴赏

（五）珍稀棕榈植物观赏

棕榈植物生态习性各异，树形多样，叶状独特。在树形特征上，或树干粗壮高大，具雄伟之力，或修直耸立，有劲秀之美，或丛生灌木状，拥茂盛之态，极具观赏价值。园区已收集国内外的棕榈科植物 130 多种，是我国目前品种最齐全的、最有特色的棕榈科植物王国。

图 6–49 为多胚椰子，图 6–50 为分叉椰子。

图 6–49　多胚椰子

注：多胚椰子，即多胞胎椰子，几个受精卵同时存在或者一个受精卵进行分裂后产生的多胚现象，椰子出现多胚的概率很低，比人低得多。

图 6–50　分叉椰子

注：分叉椰子，是椰子受外部环境影响，导致生长点产生分叉又分别生长成植株的现象。生长点一分为二时称为二分叉椰子，很像人们胜利时用手做出的“V”字形手势，所以又称胜利椰子。

（六）椰子产品展示

椰子综合利用产品有 360 多种，具有极高的经济价值，全株各部分都有用途，椰子可生产不同的产品，被充分利用于不同行业，是热带地区独特的可再生、绿色、环保型资源。园区提供鲜榨椰汁、椰子糖、椰子油、椰花汁、椰子护肤品、椰壳工艺品等。鲜榨椰汁采用新鲜椰肉当场榨制椰奶，不添加任何添加剂，保持着椰子的醇香，感受最自然最纯粹的椰子奶。椰子产品具有浓郁的海岛气息，是海南旅游的常带礼品（图 6–51）。

椰花汁酒

椰子油

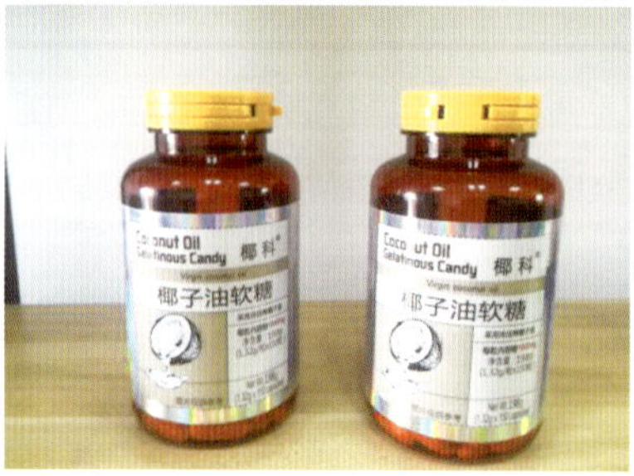

椰子油软糖

椰子化妆品

椰子粉

椰子糖

图 6–51　椰子加工产品

（七）椰园垂钓

在婆娑多姿的椰树下，可悠然垂钓，挥竿水面，怡然地享受着嬉戏的乐趣，体会鱼儿上钩那一刻成功的喜悦和激动（图 6–52）。

图 6–52　椰园垂钓现场

（八）户外露营

游客能零距离感受海南生态之美，享受“森呼吸”的同时，赏椰林的诗情画意。静谧椰林中听蝉鸣鸟叫（图 6–53）……

图 6–53　椰林宿营

四、成效

园区2004年对外开放，2006年被评为文昌市唯一的国家AAA级旅游景区，占地总面积816亩，于2017年10月1日起实现免费向社会开放，为广大市民游客提供了一个具有椰子文化特色的休闲、旅游、科普、健身、娱乐等综合型场所，整个园区椰林葱郁，花繁叶茂，鸟语花香，身临其境，令人心旷神怡，乐而忘返。

（注：本节材料摘编自中国热带农业科学院椰子所网站，由中国热带农业科学院椰子研究所张玉峰编辑修改，图片由椰子所提供）

第三节　国家资源打造海南热带植物园“研、教、学”三位一体

一、概况

海南热带植物园位于儋州市区西南面，中国热带农业科学院、海南大学儋州校区（原华南热带农业大学）境内。由中国热带农业科学院热带作物品种资源研究所（以下简称品资所）开发管理。

利用研究所强大的科研、人才优势，本着科研、教学、学生实习三位一体的目的，原华南热带作物研究院、原华南热带作物学院早在1958年就建立了植物园，并作为科研人员、教师、学生种质资源收集保存、创新利用、教学实习的重要基地，是集科研、科普、教学、游览等功能于一体的具有热带特色的大型植物园。

植物园占地面积2 400多亩，共有源自40多个国家的2 600多种热带亚热带植物。各种珍奇植物荟萃一园，有世界上最毒的植物之一的“见血封喉”（图6-54），能改变味觉的魔术师“神秘果”，爱情和友谊的信物“海红豆”，佛祖诞生之树“无忧树”，相依相伴的情侣树——檀香和洋金凤，吊在树上的炮弹“炮弹果”，记载佛经的树“贝叶棕”，会下雨的树“雨树”，植物杀手“榕树”，花中之王“依兰香”，沙漠甘泉“旅人蕉”，能源植物“油楠”（图6-55）等。

由于园区资源数量大、种类多，按“大植物园”概念，将植物园分核心参观区和热带作物资源圃科学试验区，其中核心参观区包括：热带果树区、经济林木区、热带香料植物区、热带药用植物区、木本油料植物区、热带棕榈植物区；热带作物资源圃科学试验区包括：杧果、木薯、热带牧草、热带药用植物等的种质资源圃。

为展示院校的发展历史、科研成果和上级领导关怀等，园区内还设有展览馆。

图 6-54　见血封喉

图 6-55　能源植物——油楠

二、建设依托单位概况

品资所始建于 1958 年，主要从事热带、亚热带地区动植物资源的收集、保存、鉴定、评价以及创新利用为目的的应用基础性、综合性、战略性和前瞻性的科学研究，打造高标准的国家种质资源保存基地、热带作物科技集成示范基地和热带作物科技国际合作基地，努力建设世界一流的热带作物种质资源科技创新中心。现有在岗职工 410 人，其中高级职称 108 人，中级 82 人，博士研究生 68 人，硕士研究生 88 人；拥有 11 个研究室、2 个部级检测中心、1 个国家农业科技园区、3 个省部级重点实验室、6 个国家和省部级工程技术研究中心、5 个院级平台。办公和实验室面积近 10 000 m^2，总价值 4 000 多万元的先进仪器设备 1 000 多台（套），科研试验基地 2 500 余亩，设施大棚 2 万多 m^2。总面积 600 m^2 和总容量 10 万余份的热带作物种子低温保存中期库和离体保存库，5 个农业农村部种质资源圃、10 余个专业热带作物种质圃和占地近 100 hm^2 的海南热带植物园等热带作物活体保存圃。建所以来从世界各地收集、保存热带作物种质资源 25 000 多份，拥有热带畜禽种猪、种羊等 500 多头。获省部级以上科技奖励 131 项，其中国家科学技术进步二等奖 2 项；通过审（认）定品种 70 个，获植物新品种权 7 项；授权专利 216 件；制（修）订行业标准 31 项；出版专著 134 部，获软件著作权 18 项；新品种、新技术在热区示范推广 1 000 多万亩，为国家热带农业发展提供了强有力的科技支撑。

三、创建内容

（一）热带果树区

该区主要有热带“果王”杧果；“果后”榴梿及世界著名的“四大坚果”之一的腰果；还有酷似人心而得名的人心果；果皮长满肉质小刺的红毛丹；肉质的颜色和口感与煮熟的鸡蛋黄十分相似的蛋黄果。

（二）热带香料植物区

该区有世界闻名的“花中之王”依兰香，其花中所含的香精香油成分是普通香花的 10 倍，且清香宜人，香味经久不衰，是许多国际流行的高档化妆品的定香剂；有世界“三大膏香”之一的吐鲁香，其树体流出的香膏具有较高的药用价值，可消炎止血、镇静止痛，被称为“战地急救包”植物；此外，还有名贵木材香料植物檀香，“食品香料之王”香草兰，食用药用香料丁香、肉桂、众香、白木香等。

（三）热带油料区

该区主要有著名的油料植物，如油棕、油山竹、油茶、马府油。20 世纪 60 年代大面积推广种植的油棕，由于适应性等原因，坐果率较低，未能形成大宗产业，但其树形美观，高大挺拔，已成为海南主要的观赏树种之一。

（四）药用植物区

该区保存有“四大南药”槟榔、砂仁、巴戟、益智。著名的抗癌植物海南粗榧是海南特有种，树体中含有三尖杉碱，可治疗白血病、淋巴瘤，具有很高的开发应用价值，属国家一级保护植物。其他抗癌植物还有美登木、海杧果。印度紫檀不仅是上好的家具木材，其树脂还可治疗放射性皮肤黏膜损伤，该项目与海南省人民医院合作研究，成果显著，现已取得专利。此外，还有剧毒植物见血封喉、海杧果、印度马钱等。

（五）热带棕榈植物区

棕榈科植物是热带地区特有的植物，具有多种经济用途，如产糖、产油、产淀粉、酿酒、制作纤维制品等，最重要的是其观赏价值。该区收集了 10 多种棕榈科植物，有大王棕、糖椰子、桄榔、贝叶棕、鱼尾葵、蒲葵等。

（六）经济林木区

该区收集了20多种名贵的树种用材和观赏树木。珍贵木材有原产海南的“五大特类木材”花梨、坡垒、母生、子京、野荔枝；有引自世界各地的红木、桃花心木、柚木、紫檀木等，其中桃花心木经园区引种驯化和扩大繁殖后，已大量向林业生产部门和园林绿化单位推广种植；此外，还有最重的木材之一的铁力木，上好的楠木及木兰科珍贵木材观光木、白花含笑、吊兰苦梓等；观赏树木主要有凤凰木、千层树、非洲楝、榄仁树、面盆架等。有世界各地远道而来的“名木”红木、桃花心木、柚木、檀香木、紫檀木，还有海南土生土长的国家保护濒危植物青梅、坡垒、沉香，甚至还有比重比水还大、坚硬无比的铁力木等。

（七）杧果种质资源圃

农业农村部儋州杧果种质资源圃位于植物园区内，建设单位为品资所，面积70余亩，2009年3月由农业部授牌。国家杧果种质资源圃分为科研区、现代农业创新区、杧果种质资源展示区（杧果大观园）和杧果种质资源保存区四大功能板块。国家杧果种质资源圃以收集、整理、保存、鉴定、评价和创新利用国内外种质资源为核心，重点收集、保存、整理国内外濒危种、特有种和有重要经济价值及科学价值的杧果种质资源，为我国杧果种质资源的保护、研究、开发利用提供种质资源物资基础和重要试验材料、信息支持。

资源圃收集保存有栽培杧果、扁桃杧、冬杧等6个种，300余份种质资源，其中从国外引进种质近200份，收集国内地方品种100余份。资源圃已经初步构建了我国杧果种质资源收集、保存、整理、评价技术体系，利用多种分子标记进行了遗传多样性评价研究，通过鉴定评价筛选出优异种质资源25份，审定（认定）热品4号、金煌、贵妃、台牙等杧果品种10个，初步选育出热品2号、热品6号等一批有望推广的新品种，并获得200余份杂交和诱变等材料。

（八）木薯种质资源圃

国家木薯种质资源圃始建于1963年，面积为103亩，建有综合实验室、组织培养实验室以及蛋白质组学实验室，田间道路、晒场、多功能网室、排灌设施、周边防护围栏等配套设施，2009年3月由农业部授权成立并通过验收。2000年至今，收集、保存了国内外木薯核心种质资源837份，引进国外特异种子10余万粒，先后选育出自主创新的华南6068、华南8013、华南8002、华南124、华南5号、华南6号、华南7号、华南8号、华南9号、华南10号、华南11号、华南12号、华南13号、华南14号等具有高产、高淀粉、抗逆性强、食用、耐采后生理腐烂等特性华南系列木薯新品种14个。培育优良品系5 518个，具有花叶木薯、水果木薯等特异资源。

国家木薯种质资源圃主要开展木薯种质资源的收集、保存、评价和创新利用研究，按照国家要求，对木薯国内外种质有计划地进行收集、整理、鉴定、保存、编目、共享和利用，制定及完善木薯种质资源特性描述规范和数据标准，构建我国木薯种质资源收集、保存、整理、评价技术体系，为全国木薯育种、生产和其他科研需要服务，近5年主要向54家国内外科研、高等院校等单位提供木薯种质资源共1 967份次。

（九）热带牧草种质资源圃

农业农村部儋州热带牧草种质资源圃于2009年3月由农业部认定授牌，挂靠单位为品资所，该种质圃是我国最大的热带牧草活体保存中心。种质圃占地120亩，其中田间试验室177 m^2、大棚680 m^2，在建中期备份库1 200 m^2。截至2018年底，收集保存热带牧草种质资源16科、245属、623种，计9 880份；上交国家中心保存库保存3 651份，鉴定评价4 060份（次）。依托种质圃育成国家审定牧草品种27个，其中包括我国主栽大型禾草品种——热研4号王草，及入选农业农村部“十三五”热带作物主导品种“热研21号柱花草”，获得植物新品种权2件。

（十）热带药用植物种质资源圃

热带药用植物种质资源圃，建成于2003年，占地110亩，2012年由农业部授牌，挂靠单位为品资所。现收集保存热带药用植物2 500多种，分为八大功能区：百草园区、大棚荫生植物区、林下姜科植物区、水生植物区、藤本植物区、裸花紫珠种质保存区、药食保健植物区、牛大力栽培示范区。收集展示有灭绝级植物：爪耳木、保亭秋海棠；一级保护植物：海南粗榧；四大南药：益智、砂仁、巴戟天、槟榔；以及热带著名大宗药材：海南龙血树、檀香、降香、土沉香、胖大海、诃子、巴豆、金不换、七叶一枝花、白花曼陀罗、芦荟、仙茅、萝芙木、儿茶等药用植物。为今后各种疑难杂症的攻克保存了重要的药用植物资源。

2016年8月通过审定益智新品种“琼中一号”，筛选了益智育种中间材料6份，以及姜黄优异品种2份；益智“琼中一号”新品种已在白沙青松乡、细水乡，琼中什运乡，儋州两院大吉等地进行推广种植约1 000亩；制定益智、砂仁南药规范化生产标准操作规程2项：益智规范化生产标准操作规程（SOP），砂仁规范化生产标准操作规程（SOP）；针对南药的特殊功效，研发了80多种相应的南药科技功能性产品，如牛大力系列、益智系列、艾纳香系列、姜黄、忧遁草、鹧鸪茶等；在资源收集过程中发现新种 2 种，中国新纪录属 2 个，中国新纪录种 5 个，海南新纪录属和种约 30 个，以及中国红皮书中记录唯一一种灭绝级植物爪耳木的发现。“南药种质资源收集、评价与开发利用”获得 2015 年度神农中华农业科技进步奖一等奖，及海南科学技术一等奖等 9 项奖励。

农业农村部儋州热带药用植物种质资源圃（以下简称种质圃）立足海南，面向我国和世界热区，以收集国内外热带药用植物种质资源为基础，以资源有效保护和高效利用为核心，开展热带药用植物种质资源的鉴定、评价和创新利用研究，建成国内外具有较大影响力，集科研、教学、文化交流、创新利用为一体的热带药用植物专业种质圃。

四、园区特色及成效

海南热带植物园的创建有着一定的历史渊源，蕴含着老一辈科教工作者为了发展祖国的热作事业，铸就的“无私奉献、艰苦奋斗、团结协作、勇于创新”的“两院精神”。现阶段“大植物园”概念的提升，又包括多个科研基地、展览馆、大学校园、国家科技园等，海南热带植物园已具备科研、教学、科普、试验、推广、旅游于一体的科技旅游景区（图 6–56）。

图 6–56　植物园一角

（一）“无私奉献、艰苦奋斗”的创业精神体现

植物园依托中国热带农业科学院，拥有悠久的发展历史，具有深厚的文化内涵。在创业之初，作为一个种质资源保存和研究的主要科研基地，逐渐发展到今天的旅游景点，成为中国热带农业科学院“三园一体”旅游规划的重要组成部分，是“热科院人”经过长期艰苦奋斗的结晶，是“热科院精神”体现的历史见证。

园内的每棵植物都蕴含着动人的故事。如白花鸡蛋花是农业部原部长何康从缅甸引进一段枝条，经过培育而成。钟俊鳞和肖敬平教授去古巴考察，搜集的西印度樱桃；刘松泉教授在斯里兰卡时期也曾为植物园引种可拉、印度马钱子等；何敬真、金作栋、丁慎言、李法涛等一批老专家借出国的机会，引进一批糖椰子、圣诞棕、亚达利棕、柬埔寨蒲葵等。这些植物既是大自然献给人类的礼物，又是热带珍贵的种质资源，同时又是宣传老一辈科技工作者艰苦创业的载体。

（二）园区热带亚热带特色突出

在原有基础上继续收集、保存海南岛珍稀濒危和特有的植物资源，不断从其他国家和地区引进新的种质资源，以丰富植物种类，使之成为热带、亚热带植物的橱窗和缩影。并结合海南的独特风光，利用园林建筑、园林小品和植物造景的手法，将植物园建成一个既能永久性保护植物种质资源，又具有强烈地方特色和较高游览价值的植物公园。造景时，尊重自然，依自然地形稍加改造，多采用植物和山石造景，尽量避免人工雕琢的痕迹，力求古朴，达到“虽由人作，宛自天开”的境界。在功能上，植物园将集科学研究、科学教育、科学普及、生态示范、旅游观光为一体，使之成为华南地区最大的热带、亚热带植物种质资源保存中心和植物多样性迁地保护基地之一。同时，也是海南岛热带植物引种驯化、迁地保护的科研、教学、科普基地；种质资源的选育、开发、应用基地；热带花卉产业化生产示范和推广基地；园林绿化苗木的生产和销售基地；以及休闲度假的风景胜地。

（三）专类分区设计系统化

植物园扩建和改造后，共有 34 个区，其中植物展览区 24 个。各区的布局不按分类进化、系统排列，主要以专类植物区的形式出现，区内的布局和植物配置以植物的生态习性、观赏效果为主，适当考虑分类学特点。主要分区有：经济林木区、药用香料植物区、木本油料植物区、棕榈植物区、水生植物区、探险植物区、珍奇趣味植物区、热带雨林植物区、乡土植物区、热作区、百花园区、百果园区、百草园区、珍稀濒危植物保护区、引种驯化区等。

（四）主要成效

海南热带植物园先后被评为国家 AAA 级旅游景点、“全国青少年科技教育基地”“全国科普教育基地”“全国中小学生研学实践基地”和“海南旅游定点单位”。新时期，围绕国家建设“一带一路”倡议的需求，秉承“走出去、引进来”的原则，植物园不断加强国内、国际交流与合作，援外培训 20 多个国家，技术援助 8 个国家，科技支撑多家企业境外发展热带农业，与多个国际组织开展长期的合作研究。此外，通过园区科学普及、示范带动新品种、新技术、新成果惠及我国热区 9 省。

（注：本节材料摘编自中国热带农业科学院热带作物品种资源研究所网站，种质资源圃材料由中国热带农业科学院热带作物品种资源研究所何云、李琼等提供）

第四节　四季花果点燃南亚植物园休闲激情

一、概况

南亚热带植物园隶属农业农村部，国家 AAA 级景区，为我国最早的南亚热带植物园之一。园区地处广东省湛江市麻章区湖秀路 1 号，与湖光岩、金鹿园形成湛江市的旅游“金三角”，是湛江市八景之一。园区占地 7 600 余亩，是一个常年绿树成荫、空气新鲜、奇花异草争奇斗艳的美丽氧吧（图 6–57）。

图 6–57　植物园一角

南亚热带植物园植物琳琅满目，现收集和培育多种热带、亚热带植物种质资源 2 000 多种，多种世界级、国家级珍稀保护植物。除常见热带果树外还有能让人吃酸变甜的神秘果、集百果之香的西番莲、清甜香脆的毛叶枣、“释迦果”番荔枝、果中“珍珠”莲雾、“世界坚果之王”澳洲坚果、“热带果后”山竹子、红毛丹及泰国榴梿等热带水果珍品。收集了印度紫檀、檀香、黄花梨、雨树、金花茶、桫椤等世界名贵树木，种植有胡椒、咖啡、可可、肉桂、香草兰、檀香、依兰香等香料饮料植物，还有世界上最毒的植物之一“见血封喉”、捕虫植物“猪笼草”以及形态各异的沙生植物和热带花卉。环境及空气指数均属优良，属于粤西第一，是我国南亚地区真正的空气负离子区域、植物王国。幽幽果香、喁喁鸟语，身临其境令人心旷神怡、流连忘返。植物园也是广东省爱鸟协会指定湛江观鸟点，园区内栖身多种国家级珍稀鸟类。

目前，南亚热带植物园已对外开放的功能区域有珍稀濒危植物区、药物区、观花区、盆景区、百果园区、神秘果体验区、沙生植物馆、巧克力制作手工体验馆、科普产品展示厅，呈现出崭新的面貌。园区景色迷人，空气清新，四季瓜果飘香。

二、建设依托单位概况

南亚所成立于 1954 年 1 月，主要以菠萝、杧果、澳洲坚果等南亚热带水果，剑麻和甘蔗等热带纤维和糖能作物等南亚热带作物为研究对象，开展种质资源与遗传育种、作物栽培、采后贮运与保鲜、农业资源高效利用与良好环境生态建设等基础、应用基础和共性关键技术研究。现有在职职工 180 人，其中，高级技术职称人员 44 名，博士学位人员 28 人，硕士学位人员 44 人。全所占地面积 7 500 多亩，已建成“国家热带果树种质资源圃”“农业农村部热带果树生物学重点实验室”“教育部农业农村部湛江荔枝龙眼农科教人才合作培养基地”“海南省热带园艺产品采后生理与保鲜重点实验室”“海南省植物营养学重点实验室”等科技创新平台。建所以来，先后承担了省部级以上项目 200 余项；收集保存了南亚热带植物 139 科 1 437 种的种质资源 3 000 余份；选育橡胶、澳洲坚果、杧果等新品种 15 个；发表论文 1 000 余篇；出版专著 22 部；制定农业行业标准 21 项；获授权专利 47 项；科技成果达 120 余项，获奖成果 52 项，多项成果填补我国热作产业发展空白。其中，选育的橡胶无性系抗寒品种“93 – 114”1980 年获农垦部科技成果一等奖、1982 年国家科学技术发明一等奖；“龙舌兰麻杂种第 11648 号引种试种技术改进和示范推广”1985 年获国家科学技术进步二等奖；“晚熟杧果生产关键技术研究与推广”获 2008—2010 年度全国农牧渔业丰收奖一等奖；“荔枝高产高效关键生产技术的集成与推广”获 2010—2011 年度神农中华农业科技奖科研类一等奖；选育的品种 O.C 澳洲坚果、H2 澳洲坚果、红杧 6 号芒果等被农业农村部推荐为主推品种，“热农 1 号”杧果通过全国热带作物品种审定委员会评审，对南亚热带作物产业发展发挥了重要支撑作用。

三、创建内容

（一）特色热带植物科普

园区植被类型具有从南亚热带向北热带过渡的性质，既保存有部分南亚热带的区系特点，又兼有北热带的种类成分，并由于所处地域内的地形和气候等自然环境和人为因素的影响，植物生长颇为繁茂，植物资源非常丰富；园内收集有热带观赏植物共 109 个科 879 种观赏植物。其中有国家珍稀保护植物海红豆、母生、见血封喉、琼棕、桫椤、金花茶、柚木、象鼻棕、董棕、扇叶糖棕等 21 种，还有重要的药用及珍稀植物如槟榔、砂仁、益智、巴戟、射干、白色曼陀罗、大风子、马钱子、胖大海、神秘果、可可、咖啡、吊瓜、贝叶棕、风铃木、油楠、缅茄、多种鹤蕉等 100 多种。

经过多年的种植驯化，园区形成了奇特热带景观。如植物间的营养竞争“绞杀现象”、榕树的“独木成林”、热带雨林乔木的“板根”、铁树开花（图 6–58）等。

雌花　　　　雄花

图 6–58　铁树开花现象

为科学普及并有效利用研究所收集保存的特色南亚热带植物资源，南亚热带植物园一直以来向广大参观者开展科普观光活动，由南亚所专业科普人员带领参观景点，了解常见植物种类，学习植物知识，感受大自然的美丽与神奇。

（二）四季鲜果采摘

南亚所自 20 世纪 60 年代初期始，引进热带南亚热带水果为主的种质资源 1 000 多份，包括杧果种质 100 多份，澳洲坚果种质 100 多份，香蕉种质 80 多份，菠萝种质 30 份，番荔枝种质 21 份，莲雾种质 20 份，杨桃、毛叶枣、番石榴、枇杷、人心果、蛋黄果、桃、油梨、树菠萝、树葡萄、金星果、黄皮、番木瓜等种质资源一批。选育出杧果粤西一号、红杧六号、台农一号；澳洲坚果 333、334、OwnChoice、H2；杨桃 B17（红杨桃）；毛叶枣高郎一号；非洲骄傲番荔枝；黑珍珠莲雾；珍珠番石榴、新世纪番石榴等 10 多个品种推广应用于生产。

园区位于热带北缘，夏长冬短，一年四季各种新鲜水果不断成熟，为充分发挥研究所科技优势，广大科技人员充分利用园区土地资源与地区适宜气候相结合，研究种植不同季节成熟的热带水果，绿色种植生态防控，建立高品质优质水果基地，向广大游客开放鲜果采摘。

1. 桑果主题乐园

引进桑葚品种 49 个（果桑品种 35 个，叶桑品种 14 个），对各品种在华南地区的适应性、物候期、生长特性等进行观察，筛选出观赏性强的品种 2 个（鸡爪桑、九曲龙桑）、适合休闲采摘的品种 3 个（大十、台湾长果桑、白珍珠）、适合都市农业市场需求且综合性状优良的品种共 10 个（图 6–59）。

图 6–59　采摘桑果

桑果园 2017 年以来承担了中国热带农业科学院“特色桑蚕种养试验示范基地”研究平台，在特色桑蚕种养技术和病虫害防治技术等方面提供了科学保障。

桑果主题乐园除提供鲜果采摘外，还提供桑果酒、桑葚叶和蚕宝宝等桑葚附加产品，丰富桑主题文化。

2. 春风送爽采菠萝

利用试验基地丰富的菠萝品种，开启游菠萝园摘菠萝果肉活动，试验基地引进试种着许多菠萝优良品种。在众多参试品种中，果肉纤维含量低、果汁多、肉质嫩滑的品种里，口感好表现比较出名的是台农 16 号。该品种是台湾选育的杂交鲜食品种，商品名为“甜蜜蜜”菠萝，该品种果肉几乎无纤维而嫩滑爽口，果汁多、糖酸比适宜，清甜可口。此外，“甜蜜蜜”同样是果眼浅，食用非常方便，且鲜食和加工皆宜，是目前生产上可以替代徐闻菠萝的海南大量种植的巴厘种最好品种；另外，科技人员还试验酿制的菠萝酒，是由菠萝密封浸泡，发酵而成的酒精饮料，有清热解渴，消暑提神，化食止泻的功效。由于菠萝果皮和果肉中含有较丰富的 B 族维生素和维生素 C,酒浸可以使菠萝的营养成分充分溶出。菠萝中含有的菠萝蛋白酶，具有抗炎、抗水肿及溶解纤维蛋白的作用（图 6–60）。

图 6–60　菠萝

3“舌尖上的美味”火龙果

在南亚热带植物园，有一种果被称为“吉祥果”，像神龙嘴里吐出的带有火焰的龙珠；其花似霸王花，是“昙花一现”的美物。它集“水果”“花卉”“蔬菜”“保健”“医药”为一体，被称为无价之宝。它就是果肉像香甜的奶油，但又布满黑色小籽的火龙果。

4. 葡萄采摘

引进夏黑、阳光玫瑰、凌风、毛葡萄等多个品种，采用设施避雨及限根器等技术，绿色生态化生产，比普通市场葡萄品种品质更加优良、清甜可口。

5. 端午郊游摘荔枝

端午前后，是园区荔枝成熟季节，端午小假，正适合广大市民郊游休闲，尤其是满树挂红披绿的荔枝，更是吸引广大市民纷至沓来体验采摘的乐趣，体味呼吸园区清新空气惬意之情（图 6–61）。

图 6–61　荔枝采摘

6. 绿色生态的龙眼采摘

每年中考结束放假，令人翘首以待的植物园“放心龙眼”开摘啦，吸引了众多老少市民慕名前来此地“尝鲜”，让苦学的小朋友能体验自己动手采摘果实而带来的丰收喜悦感。

7. 无籽番石榴暑假摘

暑假，正当热带水果即将青黄不接的时候，番石榴应时上市，满足人们的需求。无籽番石榴充分吸收了夏天充足的阳光能量，使得果实不但硕大，而且养分转化积累高，使得果实甜度高，营养丰富，其中维生素含量高，甚至超过柑橘。最引人注目的是籽少，都是果肉，口感极佳，进入市场后，反映极好，更是极好的采摘水果。在园区科研人员的努力下，采用绿色防控技术，满园满树的番石榴都被白色双层泡沫护果袋精心呵护着。果实套袋既保护着果皮，更保证着品质，做到绿色无公害。人们只要从树上把番石榴采摘下来，解开护果袋，不用清洗，便可直接食用。

8. 冬季水果元旦摘

虽然北方冬季数九寒天，可相对于北热带气候的雷州半岛，凉爽宜人，更是各类热带水果成熟采摘的季节。每逢元旦假期的来到，园区优稀水果基地的台湾青枣、番石榴、杨桃和蛋黄果成熟，迎来广大市民采摘热潮。

（1）青枣采摘　园区生态休闲园大蜜枣种植基地，微风中摇曳的枣树，一个个青绿色、酷似小苹果的大蜜青枣在茂密的树叶间隙中若隐若现，沉甸甸地压弯了枝头，那诱人的模样让人情不自禁想去采摘。大蜜青枣是研究所优稀水果课题组主打的水果之一，在种植栽培过程中，全程使用有机肥料，绿色，无公害无污染，不但博得游客的喜爱，还是休闲采摘的主打水果。青枣肉厚核细，味甜汁多，清脆爽口。其果肉富含维生素 C 及 B 族维生素以及铁、钾、锌等矿物质，又富含糖分，营养价值较高，尤其适合老人、小孩食用。

（2）番石榴采摘　番石榴，自夏季被人们采摘第一轮后，冬季里它又长在树上，披果上阵，恭候人们前来采摘。生态种植基地的番石榴，全程使用有机肥料，拒打农药，保持着原生态；而且番石榴刚结小果时就做好防护工作，并套袋，无虫害，是国家认证的绿色产品。生态种植基地里，树上的番石榴果一个个都被护果袋精心呵护着。当慢慢剥开护果袋后，果色光滑水晶晶的，让人垂涎欲滴。刚摘下来的番石榴比较绿且脆，口感比较脆甜；若喜欢吃软一点的，可以采摘稍微更成熟一点的番石榴，其表皮青黄，口感变得较软糯，味美浓郁。

番石榴营养丰富，可增加食欲，促进儿童生长发育，含有蛋白质、脂肪、糖类、维生素 A、B 族维生素、维生素 C，钙、磷、铁。多吃可以预防老化、排除体内毒素，还可防治高血压、糖尿病，对于肥胖症及肠胃不佳之患者，是最为理想之食用水果。

（3）棱角分明“金色水晶”杨桃　护着白色护果袋的杨桃，掩映在绿树丛中。解开护果袋，一个个呈纺锤形，棱角分明，黄色带青的、水晶般的水果杨桃，吊足了人们采摘的口味。尤其是里边的红龙杨桃，果实整体硕大饱满，果皮蜡质金黄色，光滑鲜艳，更是清甜无比，深受人们的喜爱。杨桃皮薄如膜，果肉酸甜多汁，像是葡萄、杧果和柠檬的集合体，非常可口。

（4）与蛋黄神似的蛋黄果　园区生态基地另一处，一种阔叶果树挂着黄色的果实，远远地吸引着人们的视线。这果子就是蛋黄果，在冬季成熟。

蛋黄果椭圆形或卵形，果顶长尖，成熟的蛋黄果的外皮是橙黄色的，并且外皮很光滑。一般来说，在蛋黄果买回来后常温放置约一个星期，用手轻捏果子，感觉整个果子变软了就可食用了。蛋黄果的果肉是橙黄色,带粉状组织,柔软而缺乏水分,极似煮熟卵黄，微带甘味（图 6–62）。

图 6–62　蛋黄果肉

9. 优质草莓春节摘

引进试种草莓品种 8 个,筛选出适宜休闲农业采摘的品种 2 个（甜查理、随珠）。草莓种苗引入源自美国的第一代脱毒种苗，种苗先天“身体好”，个头大。以“健康的土壤、健康的食品、健康的生活”为理念的草莓绿色种植技术，种植的草莓无农药、无化肥、绿色健康、安全放心，且口感好、风味佳!

10. 果禽互作养殖生态鸡

园区依托自身优美的环境资源、优良的区位优势，充分发挥科技优势，建设果禽互作和果草互作示范基地，采用林下种草和养鸡，既实现了杂草的生物防控，避免了除草剂的使用，又培肥了地力，实现了养分资源的良性循环流动。这种在果园自然条件下放养的土鸡，不但饲养环境天然无污染，且每天在果园活动觅食，只吃虫子、杂草、落果及五谷杂粮，远离激素、色素和抗生素残留，是真正生态、健康、绿色和环保土鸡。其肉质更加鲜嫩爽滑，鸡味浓郁醇香，口感滑韧有劲，更加有营养和滋补功效，适宜用作白切鸡，用作煲、炖和红烧也是很好的食材。

（三）四时鲜花主题

充分利用园区园艺科研的优势，收集保存大量的花卉资源，并在园区的不同线路进行展示，供广大旅客欣赏拍照。主要的花卉品种有：龙船花、紫薇、天堂鸟、黄鹂鸟蕉、尖嘴鹤蕉、黄花决明、软枝黄蝉、白花曼陀罗、宝巾花、红球姜、含笑、睡莲花、洋金凤花、黄花鸡蛋花、红花鸡蛋花、鸡蛋果花、桂花、红掌、红纸扇、黄虾花、仙人球、龙吐珠、桃花、海棠花、美人树花、粉纸扇、炮仗花、野黄菊花。此外，还在不同季节建立各种鲜花种植基地，打造不同花海奇观，吸引广大市民前来赏花拍照，开启南国鲜花乐园。

1. 樱花烂漫植物园

植物园引进 1 000 株樱花树，每当初春之际，竞相盛开，绽放娇艳，让湛江的春色喜添妩媚妖娆。走进花园，两旁密集的樱花迎面扑来，单瓣重瓣一朵朵，雪白的嫩粉的一簇簇，左边右边的一片片，连绵不绝，随风飞舞，让人目不暇接。赏着这满园洒落的白云春色，恍如置身画中，游人们纷纷拿出手中的手机或相机，尽情地拍照，赞叹樱花的迷人、艳丽。

2. 美景郁金香，赏花好园景

“兰陵美酒郁金香，玉碗盛来琥珀光。但使主人能醉客，不知何处是他乡。”这是早在 1 300 多年前，中国唐朝大诗人李白赋予郁金香的优美诗歌。郁金香原产地中海沿岸及中亚细亚、土耳其等地，是制作观光花海的良好品种（图 6–63）。

图 6–63　郁金香

3. 蝶飞格桑花，缤纷波斯菊

格桑花又称格桑梅朵、波斯菊，在藏语中，“格桑”是“美好时光”或“幸福”的意思，“梅朵”是花的意思，所以格桑花也叫幸福花，长期以来一直寄托着藏族人民期盼幸福、吉祥的美好情感。

为了打造热带休闲农业观光与体验特色，南亚所大面积种植格桑花、硫花菊、郁金香等鲜花，营造舒适优美的休闲农业体验环境。东风强劲，冬日如春，园区播种的格桑花争相绽放，如彩蝶纷飞在红土地上，粉色的、玫红的，还有雪白的，把这里的蓝天、绿树还有红土装扮得灿烂耀眼。

4. 夏日炎炎，葫芦建奇观

葫芦瓜为葫芦科葫芦属一年生蔓性草本植物，夏季是葫芦瓜成熟季节。葫芦瓜果实形状独特、丰富多彩、千姿百态，有较高的观赏价值。人们在长期栽种葫芦中，渐渐地以葫芦为素材或创作源泉，形成了以葫芦主题的工艺美术，如葫芦画工艺品、酒葫芦彩绘工艺品、葫芦传统工艺雕观音像、葫芦青釉瓶、葫芦形状的竹子灯罩、木雕葫芦花纹木窗、盘金掐丝葫芦形金耳坠等。

（四）丰富多彩的活动

1. 制作叶脉书签

利用植物园丰富的植物资源，收集各种植物叶片，制作成一幅美丽的图画，DIY 属于自己的个性作品。既让学生认识热带植物、了解掌握植物学知识，又锻炼学生的动手能力，寓教于乐，玩中学、学中玩，深受广大学生、家长的喜爱！

2. 制作园艺小盆景

充分利用研究所丰富的园艺植物资源优势，选择适合家庭养植的园艺植物品种，讲解传授园艺植物栽种知识，并让学生和家长一同学习种植一盆园艺植物，感受栽种的乐趣，并带回家用心认真养护，观察植物生长的过程，增长种植养护知识，既能锻炼学生的耐心、恒心，又能培养学生的学习观察能力，还能培养学生、家长的共同兴趣爱好，融洽家庭关系，一举多得。

3. 科普夏令营

暑假期间，充分利用园区得天独厚的自然资源及丰富的植物资源优势，组织广大学生、老师、家长，一起考察植物园自然生态环境，探究大自然的奥妙，开展树名认知、昆虫标本采集制作、野炊、烧烤等特色活动，活动特色鲜明、精彩纷呈，得到广大家长、学生高度赞誉。

4. 氧吧舞场

月季艳红，赛不过夕阳红；百花灿烂，比不过湛江大妈笑容灿烂。利用各种节假日，如“三八”妇女节，南亚热带植物园开启氧吧舞场，吸引来自周边市区的大妈、大叔们来到园区，趁着春天的气息，沐浴明媚的阳光里，载歌载舞，欢天喜地畅游植物园（图 6–64）。

图 6–64　桑园采撷跳起广场舞

5. 自然课堂普及环保知识

“今天是什么日子？地球人与地球什么关系？怎么跟地球相处？”这是在南亚热带植物园新开设的自然课堂上，植物园宣传讲解员抛出的一连串问题，活泼可爱的同学们争先恐后地回答（图 6–65）。

在科技人员的讲解下，学生们清楚了地球上水资源的类型，了解了纯净水与天然水的区别。此外，在老师的指导下，学生们还可以亲自动手用 pH 试纸检测不同类型水的酸碱度、观察其实验现象，加深对饮用水的了解，从中增强爱护水源，珍惜用水的环保意识。

图 6-65　同学们在听导游介绍糖棕树产糖的故事

6. 户外拓展，开启六一亲子情

六一是儿童的节日，也是增进家长与孩子亲情的最好时机，利用绿草茵茵、空气清新的植物园开展户外亲子拓展活动，孩子与家长一道穿着迷彩服，头戴红星小军帽，听着教练的口令，摆着手踏起整齐的步伐，开展“珠行万里”游戏、野炊、种盆栽等亲子活动，学生们不但意志得到了锻炼，而且更加团结协作，还增进了亲情，增长了不少植物及自然知识。

7. 手工制作工艺画

利用植物园丰富的植物品种，充分发挥艺术想象力，园区工作人员与广大游客共同参与，巧妙运用枝叶、花朵千变万化的形状、纹理和色泽，通过艺术组合，构造出一幅栩栩如生、生动活泼的树叶艺术贴画。

8. 科学普及捕虫瓶的制作

在全国科普活动期间，园区研究所联合湛江市科学技术协会举办“环保安全、美丽生活”主题活动，科技人员利用废塑料瓶诱杀水果害虫的科普实践活动，工作人员用废弃的矿泉水塑料瓶、铁丝和南亚所研发的果蝇喷雾，手把手地教学生们做成简易捕虫器捕杀果蝇，亲身参加热带果树园圃里病虫害的防治过程。在消灭害虫的同时将废品“变废为宝”，进一步激发学生生态环保的思想意识，同时进行植物保护科普教学活动。

9. CSA 菜地出租

CSA 菜地出租是休闲农业发展的新模式，将土地规划分割成若干小块，分别出租给具有耕种意愿的城区居民，以种植蔬菜、瓜果、花草，收获的产品归市民所有。学校也可组织学生体验种植过程（图 6–66）。

图 6–66　学生体验蔬菜种植

菜地面积共有 5 000 m^2，构建有种植、养殖和废弃物资源化相结合的生态农业体系，实现基地内生物能多级转化和元素循环利用，确保园区种植的作物是高品质、健康产物。基地配备专职专业的技术员。他们会不定期为“菜园主们”提供技术指导，以确保“种有所得”，并且来这里种地还有一个额外的好处，可以第一时间分享学会最新科研成果。

10. 丛林野战拓展训练

在南亚热带植物园中开展这项户外运动，采用角色扮演法，模拟战斗，分组抗衡，战术（游戏）多样化，针对性强，易于比较。“大战”战场设在植物茂盛的南亚热带植物园里，不但让每位参战者体验快感和刺激，释放心中压力，而且使智慧和体能得到最佳的训练；还能远离城市的喧嚣，敞开怀抱，回归大自然，享受大自然的清新空气，涤荡身心，释放激情。该运动有着真实的体验，是一种新鲜奇特，寓教于乐的培训方法，适合开展团建活动。实战中，需要依靠团队成员的责任心与参与意识才能取胜，对队员树立相互配合，相互支持的团队精神和群体合作意识具有一定的促进作用。

四、主要成效

南亚热带植物园具有科普教育、科学研究和植物观赏的功能，是开展科普活动的重要场所（图 6–67）。南亚热带植物园一直以来，向不同层次、不同年龄阶段的科普学员开展不同层次不同深度形式多样的科普活动，如开展中小学生春、秋游，夏令营活动，对社会举办“科普一日游”“休闲农业体验一日游”等活动。

图 6–67　植物园一角

自 1954 年建园以来，先后被国家、省、市授予“全国农业科普示范基地”“全国青少年科普示范基地”“全国科普教育基地”“全国休闲农业与乡村旅游示范基地”“全国农产品质量安全教育基地”“广东省科普教育基地”“广东省环境教育基地”“广东省自然学院试点学校”“湛江市青少年科普教育基地”“湛江市先进科普教育基地”“湛江市共产党员环境教育基地”“湛江市优秀旅游景点”称号；2019 年 9 月 25 日荣获由中国热带作物学会颁发的第一批“全国热带作物科普基地”的称号。2016 年，通过对南亚热带植物园进行提升改造，现已建成“南亚热带农业科技博览园”并完善园内各个功能区，围绕“科普环保宣教、休闲农业旅游”等主题开展特色项目，进一步打造南亚热带植物园科研科普、环保生态、休闲旅游“三位一体”品牌。

总之，植物园对于提高全民素质的重要价值已经得到了广泛的认同，每年前来科普学习的学员达 30 万人以上，产生了一定的社会效益。

（注：本节材料摘编自中国热带农业科学院南亚热带作物研究所网站，图片由南亚所黄炳钰提供，文字经黄炳钰和武丽琼修改）

第五节　三产融合绿色发展开创广州都市热带农业先河

一、概况

为满足都市人们美好生活需要，以特色热带作物为对象，集成热科院既有品种、技术和成果，形成了西瓜、葡萄、果桑等绿色优质水果的休闲采摘和香草兰、咖啡、可可、木薯等热带特色作物的三产融合休闲体验，在广州市花都区建立了都市热带农业体验园。

筛选收集附加值高、能满足都市人们多样化需求的特色热带植物资源，以种质创新筛选优良品种，设施水肥一体等现代化生产技术，确保种植生产过程的生态化、绿色化、精准智能化，通过拓展其观光、体验、休闲、科普、展销等多种农业功能，以期达到满足都市人们美好生活需要的目标。

在都市热带农业体验园中开展针对市民、农业从业者、公司员工、学生等群体的绿色果蔬采摘和热带特色作物三产融合体验活动。通过体验活动，提升市民对热带农业的认识，推广热带农业品种及技术，为国家农业供给侧结构改革、“一带一路”倡议等提供服务。

二、建设依托单位概况

中国热带农业科学院广州实验站（简称广州站，以下同），前身为华南亚热带作物科学研究所广州工作站，始建于1958年，2002年更名为现名，是农业农村部直属的具有独立法人资格的农业事业单位。现有职工41名，特聘专家13名。围绕都市热带休闲农业学科，设有种质创新、绿色生产、功能拓展、规划设计4个研究室，及广州花都、江门开平等4个科研试验基地。

广州站围绕“热带都市农业创新”和“成果转化”核心定位，汇聚热科院优势科技资源和示范推广力量，开展都市农业及成果推广转化相关研究工作。近年来，承担国家现代农业产业技术体系、国家自然科学基金、农业农村部公益性行业科研专项、国际合作等60余项。是中国农学会都市与休闲农业分会理事单位、广东省休闲农业与乡村旅游联盟发起单位。

广州站联合花都区人民政府共建“都市农业科技创新中心”，筹建都市农业研究所（院），立足广州，服务市场和企业，科技支撑广东、珠三角、港澳等地区现代农业发展，推动区域经济发展。

三、创建内容

（一）都市农业种质资源收集与创新利用

都市农业作物的选择从都市农业园区休闲采摘和健康高端的热带食品的普及推广出发，选择了西瓜、葡萄、桑葚、新鲜时令蔬菜、牛油果作为休闲采摘的作物，选择了食用木薯、咖啡、香草兰、可可、胡椒等一些新兴的热带作物作为健康高端的热带食品代表。

1. 西瓜

选择适合采摘及家庭食用的精品小西瓜品种。从全国收集引进精品西瓜品种 40 多个，筛选出适合都市农业市场需求且综合性状优良的品种 18 个。其中热科院的“琼玉”“琼丽”“玲珑”品质表现优异（图 6–68），皮薄肉脆、口感好、甜度高、单体质量适中、适合采摘、经济效益高、适应性广，在都市农业的休闲采摘中表现突出。其中“琼丽”入选广州市 2020 年主导品种名录。

琼丽　　琼玉

图 6–68　精品小西瓜

2. 葡萄

选择适合南方避雨栽培、适合采摘鲜食的品种。引进鲜食葡萄品种阳光玫瑰、夏黑、京香玉、京翠、京蜜、宝光、蜜光、脆光等 10 余个品种，筛选的夏黑（中熟）和阳光玫瑰（晚熟）品质优、挂果期长、市场反馈好（图 6–69）。

阳光玫瑰

夏黑

图 6–69　优质葡萄

3. 桑葚

选择适合休闲采摘的品种，引进桑葚品种近 50 个，果桑品种 35 个，叶桑品种 14 个，筛选出适合休闲采摘的品种 3 个（大十、台湾长果桑、白珍珠）（图 6–70）。

台湾长果桑

大十

图 6–70　适合采摘的桑葚

4. 新鲜时蔬

选择新奇特优的新品种。引进瓜类、茄果类、豆类、根茎类、叶菜类等作物资源共 96 份，筛选出适合屋顶阳台栽培资源 20 份（盆栽番茄、观赏辣椒、观赏生菜），休闲采摘蔬菜资源 10 份（南瓜、番茄、辣椒等）（图 6–71）。

盆栽番茄

观赏辣椒

贵族南瓜

千禧樱桃番茄

图 6–71　休闲采摘的蔬菜

5. 牛油果

从国内外引进耐寒、耐贮存品种。引进的品种包括：哈斯、富尔特、桂垦、平克顿、口味王等（图 6–72）。其中以哈斯为主栽品种，富尔特为授粉品种的搭配适合广东地区推广。

哈斯

富尔特

图 6–72　牛油果

6. 特色热带作物

选择了食用木薯、咖啡、香草兰、可可等一些新兴的热带作物作为健康高端的热带食品的代表（图 6–73）。

食用木薯

香草兰

咖啡

可可

图 6–73　特色热带作物

（二）都市农业设施绿色生产

1. 精品西瓜绿色高效生产技术集成创新

集成设施大棚种植、清洁高效基质、“富帝高”专用有机水溶肥、“绿农林”微生物菌肥、水肥一体化管理、病虫害绿色防控技术等，打破西瓜连作障碍，创新实现西瓜的“一苗三收”、一年多茬、连茬重茬等绿色高效生产（图 6–74）。

基质栽培

一苗三收

图 6–74　西瓜绿色高效生产

2. 优质葡萄绿色高效生产技术集成

集成避雨栽培、一年两熟、套种假花生、水肥一体化、捕食螨、黄蓝板、性诱剂、果实套袋等技术，有效减小了雨水对葡萄品质的影响，降低了葡萄霜霉病发生概率，减少了农药、除草剂的使用，实现了优质葡萄的绿色高效种植（图 6–75）。

套袋防虫

套种假花生

图 6–75　葡萄绿色高效生产

3. 油梨绿色高效生产技术集成与创新

集成了油梨健康嫁接种苗技术、果草禽耦合互作、平地高垄种植、肥水一体化等，实现了油梨从种苗开始避免根腐病、种植过程减少虫害、减少水土流失，实现了油梨的绿色高效生产（图 6–76）。

油梨健康嫁接种苗繁育

油梨生产示范基地

图 6–76　油梨绿色高效生产

4. 热带特色香料饮料作物北移种植技术集成与创新

集成了限根器种植、设施大棚冬季保温、肥水一体化、香草兰大棚避雨减病等技术，实现了热带特色香料饮料作物咖啡、可可、香草兰成功北移广州种植（图 6–77）。

香草兰大棚立柱栽培

可可大棚限根器栽培

图 6–77　热带香料饮料作物北移种植

（三）都市农业功能拓展

以都市人们美好生活需要为目标，以特色热带作物为对象，集成既有品种、技术和成果，形成了西瓜、葡萄、果桑等优质绿色水果的休闲采摘和香草兰、咖啡、可可、木薯等热带特色作物的三产融合休闲体验的功能拓展模式。

1. 西瓜、葡萄、果桑休闲采摘

建立了精品西瓜、南方优质葡萄、果桑的“观光－采摘－品尝－销售”于一体的休闲体验模式（图 6–78）。通过专业培训的科普讲解员对各种作物的文化、科普知识、绿色生产技术的讲解，让广大市民在免费享受文化大餐的同时，还能亲临其境感受时鲜水果的绿色生产过程，尽情享受手摸、眼观、耳听、鼻闻、口尝等五官体验之旅，放松身心、解除一周劳顿。果桑采摘期 4—5 月，精品西瓜采摘期 5—10 月，南方优质葡萄采摘期 6—8 月、10—12 月。

精品西瓜园

西瓜采摘

优质葡萄园

葡萄采摘

图 6–78　休闲采摘

2. 咖啡、可可、香草兰、木薯等热带特色作物的三产融合休闲体验

依托独具特色的热带特色作物资源及优质高端的加工产品，建成集香草兰、咖啡、可可、木薯的“作物种植－科普观光－加工制作体验－品尝－产品展销”于一体的特色休闲体验模式。

（1）咖啡三产融合休闲体验　建立了“种植观光－知识讲解－加工体验（烘焙－研磨－冲泡）－品尝体验－科技产品展销”的咖啡休闲体验模式（图 6–79、图 6–80）。

认识咖啡树

知识讲解

烘焙体验

研磨体验

冲泡体验

品尝体验

图 6–79　咖啡三产融合

自烘咖啡产品

产品展销

图 6-80　咖啡产品

（2）可可三产融合休闲体验　“种植观光 – 知识讲解 – 加工体验（调温 – 注模 – 冷冻 – 脱模 – 包装）– 科技产品展销”的可可休闲体验模式（图 6–81）。

（3）香草兰三产融合休闲体验　建立了“种植观光 – 知识讲解 – 产品体验（香草兰茶品评、香草兰香水闻香、香兰膏试用、香草兰汤制作、香草兰酒品评）– 科技产品展销”为一体的香草兰休闲体验模式（图 6–82）。

（4）木薯三产融合休闲体验　“种植观光 – 知识讲解 – 木薯采挖体验 – 木薯食品品尝 – 科技产品展销”为一体的食用木薯体验模式（图 6–83）。

根据都市人群的消费需求，选择区别于市场一般品种和特性的优质资源，选择特殊性强、体验感好的咖啡、可可和木薯等品种作为主要体验作物。通过向游客讲解不同品种作物的特点和优势，向游客讲农业产品故事，提高游客认同感，普及热带特色作物及产品；设计农产品收获、加工等体验环节，提升活动的趣味性和参与度，提升科技产品知名度，推动热带农业的产业化及在都市农业中的创新利用。

此类休闲体验活动是园区的常年开设项目，不受时间、季节和天气的影响，是园区保证客流的重要活动，也是休闲采摘活动的有效补充。

认识可可

品尝可可豆

知识讲解

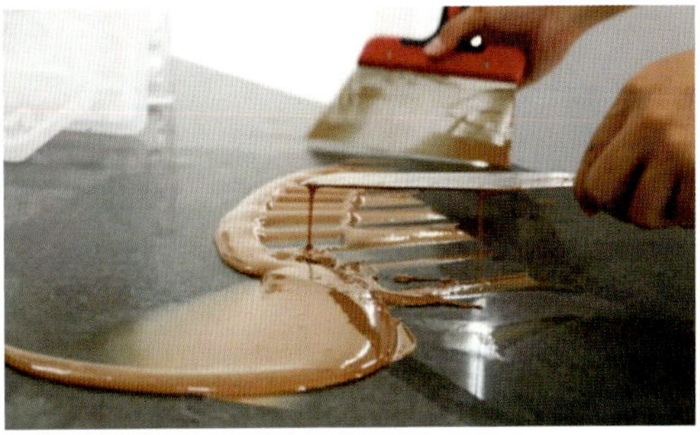

巧克力调温

巧克力注模

巧克力作画

巧克力品尝

巧克力产品

图 6-81　可可三产融合

认识香草兰

知识讲解

香兰膏

香草兰香水

香草兰酒

香草兰茶

图 6-82　香草兰三产融合

种植观光及讲解

木薯采挖体验

木薯采挖

蒸木薯

木薯蛋糕

木薯品尝

图 6-83 木薯三产融合

四、主要活动及成效

开展的活动包括以单项作物为主题的活动，如西瓜节、葡萄采摘、果桑采摘、咖啡培训、巧克力制作体验、木薯食品制作、技术培训等；也有园区整体参观活动，如员工拓展、党员活动、亲子活动、援外培训、学生研学等；还有外出参展活动，如科普四进、农博会、农民丰收节等（图 6–84）。2017—2019 年组织科普活动 150 多次，受益人数 10 万余人，产生经济效益 210 多万元。

吃瓜大赛

援外培训班

科普自由行

江门农博会

学生研学

巧克力科普进校园

图 6–84　主要活动

都市热带农业体验园，占地面积200亩，于2016年下半年开园运行，先后获得“广州市科学教育普及基地”“广东省青少年科技教育基地”、中国热带农业科学院“热带植物园创新联盟理事单位”“花都中小学研学实践教育基地”等称号。

第六节　浪漫相约亚龙湾国际玫瑰谷

一、概况

三亚亚龙湾国际玫瑰谷位于三亚市亚龙湾国际旅游度假区内，总占地2 755亩，是以玫瑰文化、黎族文化、创意文化为底蕴，以玫瑰产业为核心，以“玫瑰之约，浪漫三亚”为主题，以农田、水库、山林的原生态为主体，以玫瑰花海、浪漫婚庆、七彩游乐、精油养生、休闲餐饮、国际风情等为主题内容，集玫瑰种植、玫瑰文化展示、旅游休闲度假于一体的亚洲规模最大的玫瑰谷。

二、创建优势

（一）公司实力

亚龙湾国际玫瑰谷的建设者为兰德公司，其总部在上海。旗下有上海兰德科技有限公司、亚龙湾国际玫瑰谷上海兰德信息产业有限公司、上海兰德花卉有限公司、三亚兰德种业有限公司、三亚圣兰德花卉文化产业有限公司、三亚兰德国际玫瑰谷发展有限公司、海南兰德置业有限公司。兰德公司从1997年开始在上海从事玫瑰鲜切花种植与销售，在上海及长三角地区建立了庞大的销售网络。2006年进入海南三亚试种热带玫瑰，于2008年7月在三亚成功种植出海南岛第一批玫瑰鲜切花，结束了海南岛没有玫瑰鲜切花的历史。玫瑰谷自从2009年落户三亚之后，受到了从海南省到三亚市各级政府领导及社会各界的支持与肯定。

（二）区位优势

亚龙湾玫瑰谷位于我国热带风情国家旅游度假区——三亚亚龙湾国家旅游度假区内，是亚洲最大的玫瑰谷。与亚龙湾周边高端酒店群、高尔夫球会、森林公园、奥特莱斯项目等对亚龙湾整体区域近城、近景、近高端客户群的旅游业发展起到重要促进作用，与周边景区资源形成差异化互补，实施差异化竞争，突出产品和服务特色，形成整个亚龙湾片区旅游综合体，使整个亚龙湾区域提高集聚功能、增强综合竞争力，实现亚龙湾国家旅游度假区的可持续发展，是亚龙湾滨海旅游不可分割的一部分。

（三）客源优势

亚龙湾区域为玫瑰谷提供了客源，仅 2017 年 1—11 月三亚累计共接待 1 604.28 万人次的过夜游客、旅游总收入 357.89 亿元。亚龙湾目前有 23 家豪华酒店、2 家高尔夫球场等高端旅游项目，每年约有 350 万人次的高消费能力过夜客源，人均消费 1.2 万 ~ 1.5 万元，机票、住宿占 80%，另有一日游客 200 余万人次，人均消费几百元。

（四）交通优势

小镇的对外道路交通网络体系已基本完善。玫瑰小镇目前周边交通方式可以通过环岛高速公路自驾游、乘坐环岛西线东线高铁到达亚龙湾站、或者经由国道到达、以及乘坐三亚市区的公交车，另外，从三亚凤凰机场、海口美兰机场都有专线车直达景区。

三、创建内容

围绕产业融合，发挥“互联网 +”“旅游 +”的累积效应，发展和扩大玫瑰种植，加大衍生产品的开发，突出玫瑰文化，挖掘与玫瑰相关的爱情产业的消费潜力。融合现有玫瑰园景区、风情小镇元素，在确保原住民利益的基础上，做到旅游、文化、产业“三位一体”，打造海南生态服务业加快发展的示范点，打造三亚“旅游 +”基地，助推亚龙湾旅游产业升级。

（一）农业

对现有玫瑰花种植游览园区进行农业升级改造。主要建设内容有增加玫瑰系列品种种植及研发、种苗培育、产品研发、标准制定、文化与品牌策划、技术交流、专家工作室、科技创新园、城市田园、农场体验及管理、农业互联网。

目前已种植了 2 500 多亩玫瑰，是三亚面积最大的花卉基地，除了种植钻石玫瑰、黑魔术、卡罗拉、保加利亚玫瑰、萨曼莎、梅朗口红、大马士革、戴安娜、维西利亚、朝云等十几个玫瑰品种，还种植了向日葵、鼠尾草、格桑花、千日红、矮牵牛等品种。其中亚龙湾玫瑰谷种植面积 1 000 亩，20 家合作社种植面积 1 000 亩，儋州市种植面积 300 亩，三亚市吉阳区种植面积 200 亩。

（二）旅游业

依托亚龙湾国家旅游度假区的资源和平台，传播玫瑰文化、黎族特有的纺织文化、服饰文化、饮食文化等，对目前的玫瑰谷旅游景区进行提升和改造，打造国内浪漫风情休闲度假地，让玫瑰成为未来三亚走向全国的一张城市新名片。

玫瑰小镇致力打造婚庆文化产业基地，主要的旅游产品包括：玫瑰谷景区游览、玫瑰原料花、主题灯海灯光秀、玫瑰衍生产品、浪漫啤酒节、花车大巡游、元宵节猜灯谜活动、三八女王节、鲜花采摘、放飞鸽子、婚纱摄影、春游亲子专题活动以及玫瑰科普知识教育等。

（三）玫瑰产业

打造玫瑰产业的展示、营销和交流平台，以玫瑰花为原料，打造玫瑰系列衍生产品研发推广基地。主要建设内容有玫瑰产品加工展销中心、玫瑰产业孵化基地、玫瑰会展中心、玫瑰食府、玫瑰酒屋、玫瑰茶社、玫瑰香气花园、玫瑰手工作坊、玫瑰花草工坊、玫瑰家居生活馆等、玫瑰书画展、玫瑰学院等。

玫瑰小镇的玫瑰花种植年收入在 4 000 万元以上，玫瑰小镇原料花的种植和生产结构开始变化。除了 2 000 多亩花田的鲜切花生产以外，还开发出 38 个系列，300 多个品种的食用玫瑰花产品，如花茶果茶、玫瑰饼等，以及玫瑰谷打造的自有纯植物护肤品牌 JESS 玫瑰护肤用品、玫瑰化妆品、玫瑰服饰、玫瑰香料等产品，带动了小镇手工业的发展，形成了完整的产业链，不断满足市场的需求。

（四）健康服务业

充分挖掘玫瑰的药用美容保健价值，将医疗美容与旅游相融合，在产业小镇中引入玫瑰主题医美概念，开展高端医疗旅游服务，形成集产学研为一体的玫瑰主题医疗美容服务机构，并销售玫瑰制作的药品、保健品和美容护肤品等，在这里可以感受到自然与医疗带来的美丽。

四、成效

仅 2017 年，玫瑰谷旅游人数达 144 万余人次，门票收入达 2 386 万元，玫瑰衍生产品销售额同比增长 20%；周边民宿也由 2016 年的 12 家增加到 2017 年 14 家。

采用“公司＋合作社＋农户＋科技生产”的合作模式，玫瑰谷带动周边大茅村、中廖村以及邻近的海棠湾区当地贫困农民种植玫瑰，土地亩产价值实现翻番。玫瑰小镇的员工从当初的 100 多名发展到如今 500 多名，安置了大量失地农民到景区工作，同时成立 20 多家合作社，将当初进入合作社 200 多户农户发展到现在的 1 000 多户，引导他们向新型农民转变，主推农业经营主体加速转型。

2016 年帮助当地农民建立了 18 个农民玫瑰花专业合作社，当地村民以合作社形式种植玫瑰鲜切花，公司以 0.6 ～ 1 元的价格向合作社收购鲜切花并销售，使合作社稳定发展。玫瑰小镇兰德玫瑰谷有限公司以 3 300 元 /（亩·年）的价格租赁

2 755 亩博后村和六盘村盐碱地种植玫瑰和发展旅游业，解决村民就业 515 人，在园区上班的村民人均年收入 2.6 万元以上，加上村民与合作社种植玫瑰花的收入，村民户均年收入达到 7 万元以上。另外，玫瑰小镇的产业升级之后，产品越来越多，玫瑰谷与博后村委会合作，为村民提供玫瑰衍生产品用以在产业发展用房内销售，或承担玫瑰饼、玫瑰酱的手工制作业务。

第七节　呀路古热带文化温暖北国寒冬

一、概况

北京呀路古热带植物园位于北京市大兴区长子营镇，其前身是长力金源热带植物园，景区于 2010 年 10 月开园，占地面积 600 亩，投资 4 亿元。景区属于典型的温带半湿润大陆季风气候，四季分明，地理位置优越。景区位于北京市东南部，北靠北京亦庄开发区，东接天津市和河北省，距离天津市、廊坊市、保定市的距离均为 1 h 车程，位于京津冀一体化的咽喉位置，旅游资源十分丰富（图 6–85）。

图 6–85　植物园门口

二、设计思路

根据北京地区大部分市民对热带农业、热带植物缺乏了解，特别是对热带文化浓厚兴趣的特点，景区根据休闲农业科普教育的模式，在深入了解热带地区浓厚民族文化及热带农业的基础上，把充分展示热带作物、产品与热带少数民族文化有机结合，设计创建景区相关内容。

三、创建内容

（一）热带植物观光厅

热带植物观光厅（图 6–86）是北京呀路古热带植物园的主要景点，其内部收集了热带观赏植物，热带濒危植物，热带药用植物达上千余种，无论四季更替，游客只要一步入景区，都可尽览热带雨林的浪漫风情，领略千姿百态的神奇植物王国。无论孩子还是老人，无不拍手称奇，深深为之吸引，流连忘返，这里成为北京市中小学生首选的热带植物科普基地。

图 6–86　观光厅的热带植物

奇异的嘉宝果，可让味蕾感受 4 种不一样的时空变迁；古巴尊贵的客人——蛋黄果树，其果形如鸡蛋，颜色似蛋黄，味道更是与鸡蛋一样的神奇，故名蛋黄果；锦屏藤下梦幻般的一帘幽梦，带您领略浪漫的琼瑶爱情故事；更有会闻乐起舞的跳舞草，高大而盘根错节的大榕树。有号称黄金之树的沉香树，它既是一种名贵的香料，又是不可多得的药材，可见证热带植物里的贵族风范，更有号称植物活化石之称的黑桫椤（又称恐龙树），领略 2 亿年前的光影变化。特别是利用北方地区夏季比南方日照更长的特点，大胆尝试南果北种、南花北移技术，产出的特色热带水果如香蕉、杨桃、番荔枝、火龙果等比南方地区的果更大、更甜、质更优，三角梅等开出的花更美、变叶木抽出的叶色更艳、更丰富。

（二）土司堡

土司堡是热带地区少数民族重要标志性建筑（图 6-87）。北京呀路古热带植物园为充分展示热带地区少数民族文化，在众多少数民族建筑中选择并设计建造了最能代表少数民族建筑特色的土司堡。土司堡建筑群有着无与伦比的独特魅力，墙面上图腾诠释了其深厚的历史渊源，一共有九九八十一个，象征着得成正果。土司城主楼共有三层，一楼是民族文化展览，里面珍藏了很多的民族文化瑰宝，可以让游

图 6-87　土司堡景点

客尽情领略我们中华民族 5 000 年文化的博大精深。二楼、三楼供大家休闲、用餐、娱乐，里面布局了一些餐饮和茶艺室，供游客品尝来自民族地区的特色美食和茶艺表演。外面潺潺流水的水帘洞，似乎在向游客讲述着民族文化的源远流长。旁边的十二生肖配楼（里面多一个鹰，民间说法鹰在少数民族地区是生肖守护神）是烧烤区，其借鉴了土家族吊脚楼的风格进行设计，里面全部按照民族烧烤的格局进行布局，突出民族风情，彰显景区品位。

（三）土司吧

土司吧是隶属于土司堡的一个分体建筑，在北京市乃至全国也是风格独特的休闲吧。土司吧里不仅有极富民族特色的图腾柱，鬼脸符号，还具有浓郁的热带雨林气息，吧里椰子树、槟榔、大王棕层次分明，郁郁葱葱，二楼著名画师笔下的热带雨林、蓝天、白云、沙滩，无不精致传神，让游客仿佛置身于原始热带雨林的梦幻之中。另外，返璞归真，大巧若拙的船木、红木家具，无不述说着土司吧的尊贵与神秘。

（四）恐龙馆

面积达 1 万多 m^2 的恐龙馆内，栖息着 20 多只恐龙，让您身临其境于亿万年前的恐龙时代，带您在热带雨林里来一次穿越三叠纪、侏罗纪、白垩纪的难忘经历。墙外一条绳子将一只神采奕奕的大恐龙，从洞穴里缓缓牵出，让游客身临其境地感受 3D 绘画的神奇和刺激（图 6–88）。

图 6–88　恐龙馆雕像

（五）儿童迷宫

根据不同年龄段量身定制的儿童迷宫，纯实木打造，安全有趣，让孩子只身前往热带雨林探险。

（六）孔雀馆

孔雀与热带文化有着密不可分的联系。北京呀路古的孔雀馆里，有多只散养的孔雀，孔雀每天都生活在呀路古热带雨林，花儿芳香，小溪潺潺的美景中，穿上最漂亮的舞衣，跳着欢快的舞蹈，追逐嬉戏。它们还能与人亲密接触，在客人面前炫耀它那漂亮的孔雀屏。

（七）小动物区

小型动物园区内饲养了许多珍稀动物，如狍子、鸵鸟、梅花鹿等，可以在观赏植物之余，近距离接触小动物。

（八）民族舞台

在观赏热带植物之余，还有热带地区少数民族兄弟姐妹们带来的极具民族特色的演出。演出节目:《阿细跳月》《野人》《草裙舞》《火恋》《民族大团结》《拜火舞》。

（九）特色商品展示区

景区设置了具有浓郁热带文化氛围的特色热带商品展示区，货架全由枯木打造而成，极具少数民族特色。有冷饮类、零食类、玩具类、少数民族饰品挂件类、工艺品摆件类、少数民族服装类、民族包、帽子类、砗磲饰品类、珊瑚玉饰品类、菩提类、手工苗银类、奶制品类、水果类、植物类、化妆品类、茶叶类、咖啡、可可类。

（十）少数民族文化科普

具体包括拉祜族的葫芦传说、瑶族文化科普、彝族人和火的渊源、苗族姑娘服饰文化。

（十一）“树上熟”采摘

植物园顺应时代发展，为现代农业新技术推广做了大量的工作，并取得了丰硕成果，积累了丰富的科技经验。2006 年起陆续将番荔枝、番石榴、杨梅、杨桃、火龙果、莲雾、黄皮、枇杷、番木瓜、杧果、龙眼、香蕉、桂木、面包树、牛油果、澳洲坚果等 312 个热带、亚热带水果品种成功引入到园区，在果实成熟季节，开展“树上熟”采摘活动，所有水果一律等到树上成熟后才按个逐一采摘，确保游客能品尝到真正成熟后的热带水果。让广大市民不出北京就能欣赏到特色热带水果的独特景观，还能品尝到比普通市场质更优、味更美的热带水果的诱人风味。

此外，为确保产品的生态质量，景区专门对40多种热带水果和蔬菜做了有机认证，不定期开放有机蔬菜如甜麦菜、西芹、尖椒、韩国娃娃菜、广东胡萝卜、菜心等，供游客观光、采摘。

（十二）科普教育

植物园一直努力为游客提供更好的旅游环境而努力，为了满足游客对热带植物知识的了解，景区特别配备了专业的导游免费服务游客。让广大市民在认知自然界植物的真、奇、妙，充分领略南国风情的同时，还能耳濡目染热带文化及热带科技成果的独特魅力，这里是广大大中小学校科普教育的理想基地。

（十三）综合服务

景区还设置了具有浓郁热带文化特色的会议中心、餐厅、住宿、KTV、茶艺室等设施，配备了具有浓郁热带生态特色的各式餐饮，可以让游客在旅途劳顿之余，在感受浓郁热带文化氛围下得到全身心的放松。

四、主要成效

植物园建园以来，先后收集了热带果树、热带饮料植物、热带观赏植物、热带药用植物、棕榈植物、热带濒危植物、热带珍奇植物和蔬菜作物等，热带亚热带物种达上千余种，并不断从国内外引进新品种。先后建成了牡帕密帕古树馆、勐巴拉娜西热带植物馆、土司堡民族展览馆和恐龙馆、孔雀馆、特色商品区等，景区内森林繁茂，蔓藤缠绕，奇花异草争奇斗艳，溪水、喷泉、植物、动物构成了一幅瑰丽的热带雨林，西南少数民族的民居和图腾文化，构成了景观的主线，让人流连忘返。北京呀路古热带植物园，先后被国家旅游局评为国家AAA级旅游景区，北京市休闲农业三星级园区（企业）、北京市环境教育基地、北京市乡村旅游特色业态“采摘篱园”、春华秋实旅游观光园、首都巾帼现代农业科技教育示范基地、北京市中小学生社会大课堂资源单位等荣誉称号。

（注：本节内容摘编自呀路古热带植物园官方网站）

第七章　都市热带农业园区规划理论与实践

第一节　规划理论

当前，我国农业发展战略正向积极发展现代农业、调整农业产业结构、改善经营体系，拓展经济增长方式、增加农民收入、提升农民素质、提升乡村文化表现力的方向发展，现代农业园区的建设是在这一有中国特色的现代农业发展道路上的有力探索。而目前我国现代农业园区的发展规划面临着规划机制不健全、规划范式不完善、规划创新不全面、产业链单一化、景观缺乏农园特色、生态模式研究不足、过于依靠政府支持等问题，需要推动对规划机制的创新完善、加强规划科学论证、促进规划发展研究。吴人韦等 2004 年提出将以产业为核心和以土地利用为核心的两种决策思路融合起来，指明了单一的规划理论决策思路已不能满足现代农业园区的发展需求，关于复合型农业园的研究逐步开始成型。2012 年，董家田在前人研究的基础上，创新引入共生理论来构建新乡村综合体，以此指导更为复杂、复合的农业园规划与发展。通过其他学科的基础理论来研究农业园区规划的先例也很多，如系统论、农业区位理论、耦合理论等，这些理论思想在原则与特征上有共通之处，又有各自的优势与擅长点，可从不同侧面与角度描述复合体。

同时，都市热带农业规划涵盖了热带农业、都市农业、现代农业和农业规划多方面内容，其规划的决策思路、思想理论也越来越趋于复合化、复杂化、零散化，因此，都市热带农业规划需要基于多种理论、相对复合和完整的理论框架去研究。

一、系统论

系统思想源远流长，但作为一门科学的系统论，人们公认是美籍奥地利人、理论生物学家 L.V. 贝塔朗菲创立的。他在 1932 年提出“开放系统理论”，提出了系统论的思想。1937 年提出了一般系统论原理，奠定了这门科学的理论基础。但是他的论文《关于一般系统论》，到 1945 年才公开发表，他的理论到 1948 年在美国再次讲授“一般系统论”时，才得到学术界的重视。确立这门科学学术地位的是 1968 年贝塔朗菲发表的专著：《一般系统理论：基础、发展和应用》（*General System Theory*：

Foundations，*Development*，*Applications*），该书被公认为是这门学科的代表作。贝塔朗菲临终前发表了《一般系统论的历史与现状》一文，探讨系统研究的未来发展。此外，它还与拉维奥莱特（A. Laviolette）合写了《人的系统观》一书。

“系统”一词，来源于古希腊语，是由部分构成整体的意思。今天人们从各种角度上研究系统，对系统下的定义不下几十种。如说“系统是诸元素及其顺常行为的给定集合”“系统是有组织的和被组织化的全体”“系统是有联系的物质和过程的集合”“系统是许多要素保持有机的秩序，向同一目的行动的东西”等。一般系统论则试图给一个能描述各种系统共同特征的一般的系统定义，通常把系统定义为由若干要素以一定结构形式联结构成的具有某种功能的有机整体。在这个定义中包括了系统、要素、结构、功能 4 个概念，表明了要素与要素、要素与系统、系统与环境三方面的关系。

系统论认为，整体性、关联性，等级结构性、动态平衡性、时序性等是所有系统的共同的基本特征。这些，既是系统所具有的基本思想观点，也是系统方法的基本原则，表现了系统论不仅是反映客观规律的科学理论，而且还具有科学方法论的含义，这正是系统论这门科学的特点。贝塔朗菲对此曾做过说明，英语 System Approach 直译为系统方法，也可译成系统论，因为它既可代表概念、观点、模型，又可表示数学方法。他说，我们故意用 Approach 这样一个不太严格的词，正好表明这门学科的性质特点。

系统论的核心思想是系统的整体观念。贝塔朗菲强调，任何系统都是一个有机的整体，它不是各个部分的机械组合或简单相加，系统的整体功能是各要素在孤立状态下所没有的新质。他用亚里士多德的“整体大于部分之和”的名言来说明系统的整体性，反对那种认为要素性能好，整体性能一定好，以局部说明整体的机械论的观点。同时认为，系统中各要素不是孤立地存在着，每个要素在系统中都处于一定的位置上，起着特定的作用。要素之间相互关联，构成了一个不可分割的整体。要素是整体中的要素，如果将要素从系统整体中割离出来，它将失去要素的作用。正像手在人体中它是劳动的器官，一旦将手从人体中砍下来，那时它将不再是劳动的器官了一样。

系统论的基本思想方法，就是把所研究和处理的对象，当作一个系统，分析系统的结构和功能，研究系统、要素、环境三者的相互关系和变动的规律性，并优化系统观点看问题，世界上任何事物都可以看成是一个系统，系统是普遍存在的。大至渺茫的宇宙，小至微观的原子，一粒种子、一群蜜蜂、一台机器、一个工厂、一个学会团体……都是系统，整个世界就是系统的集合。

都市热带农业园区规划是一项复杂的系统工程，涉及各个学科的诸多内容，将其抽象到一个更高的层面上来分析，从系统的角度去解构、分析农业园区，以整体性、结构功能、目的性等原则去明确复合型都市农业园区的构成，可进一步探讨其子系统与要素间要如何合作，使其在空间、经济、社会、环境中统筹发展，最终达成最优化原则，形成健康有机生长、可持续发展的园区。

二、耦合理论

“耦合”概念来源于物理学，指 2 个（或 2 个以上）系统或运动形式之间物理关系而衍生出的概念。耦合的结构机制主要分为串联耦合、可选择并联耦合 2 种，对结构的可靠性和效率有很大影响。其中，可选择并联耦合机制是指链条上结点有不同的元素可与其连接，有多重路径可以选择，提高了系统间共生单元的工作效率、增强了对环境的反馈调节能力、稳定了系统，是解决串联耦合元件增多而造成系统可靠性下降的一种新机制。任继周于 20 世纪 80 年代将“耦合”概念引入农业系统科学，而农业系统是农业园区的重要组成部分，将耦合理论的应用从农业系统拓展开来，将稳定结构应用到其他园区子系统中，可统筹指导整个园区系统的规划。

三、农业区位理论

农业区位论诞生于 19 世纪初期的自由资本主义时代，其奠基人是德国经济学家冯·杜能。19 世纪初期是西欧资本主义蓬勃发展的时代，而当时作为典型农业国的德国，受西欧资本主义发展的影响和市场经济的冲击，其农业进行着艰难的改革。随着农业的发展和资本主义关系在农业中的渗透，农产品逐步商品化，进一步提出了在农业中改善经营管理和降低生产成本的问题。在此之前，德国实行“三圃制农法”，控制农业生产，使 1/3 的耕地处于休耕状态，以恢复地力。产业革命后，这种耕作制度已经不能适应经济发展的要求。此时，杜能的老师、农业理论家阿尔布雷希特·特尔提出要以英国为样板，实行农业经营集约化，广泛采用轮作制，以提高农业产量，增大收益。而杜能认为，在距离市场远近不同的土地上，经营农作物的种类与集约化程度不能强求一律，不能笼统地认为农业经营集约化程度越高，农业收益就会越大。特尔将英国的集约农业无条件地应用于德国，在对德国农业革新的同时，犯了不考虑地域空间差异的错误。

1826 年，杜能在《孤立国同农业和国民经济的关系》一书中，提出了第一个实践性较强的区域经济理论——孤立国理论。其中心内容是：农业土地利用类型和农业土地经营集约化程度，不仅取决于土地的天然特性，更重要的是依赖于当时的经济状况和生产力发展水平，其中特别取决于农业生产用地到农产品消费地（市场）的距离。

杜能所采用的方法是农学试验中惯用的单因子孤立化方法。他把引起土地利用和农业生产类型地域差异的许多自然因素（土壤、地形、气候、水文等）和社会经济因素（人口密度、居民劳动素养、经济文化水平等）都假定为到处一样的常数，而后单独考虑市场距离一个因素的影响，从而得出经济地租与市场距离的函数关系。在这个假定里，所谓空间或区域是不包括任何物质内涵而只有相对距离的纯粹几何空间，这也是杜能以来许多经济学家的区位论以及直到今天美国的区域科学学派关于“区域”的共同概念。实际上，正是那些自然因素和社会经济因素的多样性引起了极为复杂的农业生产地域分异，永远不可能有“到处一样”的情况，农业生产因地制宜的必要性就根源于此。由于现代交通运输、罐头制造和冷藏技术的迅速发展，运费大幅度下降，市场距离在决定土地利用方式中日益成为次要因素，而土壤、地形、气候等自然条件以及技术经济条件的地区差别对农业的影响，往往比市场距离更加显著。这就是说，由于近代技术和经济的发展，杜能学说的直接适用范围已大大缩小，只在交通不发达的一些城市郊区，尚能见到市场距离对土地利用方式或集约程度的显著影响。

现代的农业区位论者更多地注意研究具体农场的“农业决策”。在一些农业经济学者看来，一个农场的生产类型即它的生产专业化方向不过是代表一个农场主决策过程的最终结果，由若干个具有类似生产类型的农场所组成的土地利用区域，不过是各个农场主按照他们自己的条件所做出的若干种决策的混合物；解释和论证一定的农场生产类型的区位，必须研究农业决策。这类研究广泛运用了各种数学方法，如运用线性规划确定总生产费用最小而纯收益最大的农作物最优组合；运用博弈论研究面对种种不确定性和风险（如天气变化、市场变化等）的农场主如何做出生产上的最优决策，以争取最坏情况下的最好可能性；运用马尔可夫链研究生产革新的空间扩散等。影响农业决策过程的因素，不仅有各种社会经济因素、技术因素、自然因素，而且有农场主的行为因素，如个人业务知识、经验、偏好以及冒险精神等。通过农业决策论的研究，不仅可以论证解释已有的农业区位，而且还可能预测它的变化。

都市热带农业具有明显的农业区位特征，分别涵盖了热带和都市，以城市为中心，按照离城市远近来划分不同的农业类型区，对农业园区的空间布局和不同生产基地的合理分工，具有指导意义。

四、发展极理论

发展极是指由于经济发展不平衡所形成的某些主导部门和企业聚集的地区。这一概念由法国经济学家弗朗索瓦·佩鲁提出。他认为国民经济在各个地方的发展速度是不一样的，在不同时期，增长的势头往往集中在那些聚集着大量国民经济主导部门和有创新能力的企业地区，这些地区往往会首先发展起来，再向周围地区扩展其效应。这些大城市中心就被称为发展极。

发展极理论是以区域经济发展不平衡规律为出发点，无论是佩鲁的发展极理论，还是缪尔达尔的“循环累计因果论”、赫希曼的“区际不平衡增长论”，以及后来威廉姆逊的倒“U”形理论、弗里德曼的“核心－边缘论”等，其核心是：发展极是指集中了区域主导产业和创新企业的中心城市，从产业发展的角度看，就是产业生长点。发展极具有两种效应：极化效应和扩散效应。极化效应直接产生于聚集经济效益：主导产业和创新企业的集中便产生巨大的内、外部经济效益，从而使发展极迅速发展。极化效应扩大了发展极与其他区域的差异。扩散效应的产生一是由于发展极规模的扩大而带动周围地区的发展，二是由于发展极产业结构的升级而不断向区域扩散产业层次和技术层次低的企业，三是政府限制极化效应，强化扩散效应。扩散效应的结果是大范围区域经济的发展。

“发展极”和“增长中心”理论为都市热带农业发展提出了积极的政策性建议，第一，没有“发展极”的都市热带地区，应建立“发展极”，即热带农业园区；第二，根据都市热带农业的实际情况，可建立两类不同的“发展极”，其中特别是发挥“吸引中心”的作用，以创新企业的活力吸引更多的投资和发展，促进都市农业的发展，同时，也根据发展的带动，实现先进农业技术的扩散，最终提高其他地区的农业科技水平，促进其他地区农业科技的发展。

五、高新技术改造传统农业理论

马克思和邓小平关于科学技术是生产力的观点，为我国传统农业技术改造奠定了坚实的理论基础，是高新技术改造传统农业的理论依据。马克思用唯物主义观点看待历史，他在总结近代第一次技术革命和19世纪生产力发展时认为生产力是人类社会历史发展的最终决定力量，而“生产力当然包括科学在内”。在谈到科学技术与生产力关系时指出：“生产力这种发展，归根到底是来源于发挥作用的劳动的社会性质，来源于社会内部的分工，来源于智力劳动特别是自然科学的发展。”在世界新技术革命蓬勃兴起时，邓小平同志及时把握时代的脉搏和社会发展的趋势，运用马克思主义的观点和方法，分析了科学技术尤其是新的技术革命在当代生产过程中的历史性变化，一再强调发展科学技术是实现现代化的关键。他明确提出了“科学技术是生产力，而且是第一生产力”这一科学论断。丰富和发展了马克思主义的生产力学说，揭示了科技进步对当代社会经济发展的第一位的变革作用，成为我国社会主义建设事业的一个重要战略思想。对于农业发展与科学技术的关系及如何构建农业新的生产力的问题，邓小平同志做过许多精辟的论述。他特别强调：“农业的发展，一靠政策，二靠科学，科学技术的发展和作用是无穷无尽的”“将来农业问题的出路，最终要由生物工程来解决，要靠尖端技术”“农业问题要研究，最终可能是科学解决问题”。

传统农业是一种封闭式、自给性、落后型的低水平的农业生产力系统，而现代农业是一种开放式、交换性、先进型的高水平的农业生产力系统。应用高新技术改造传统农业，其主要内容就是促使高新技术与农业经济的各个生产要素相互结合，强化高新技术向农业领域渗透和转移，把农业和农村经济发展真正转移到依靠科技进步和提高劳动者素质的轨道上来，并真正依靠现代科学技术的支撑，促进农业生产要素质和量的提高，从各个方面为高新技术向农业领域渗透和转移创造条件，并通过农业科技资源的调配、组合、凝聚，从而创造更新的、更高层次的农业生产力。这就是高新技术改造传统农业的渗透理论。其内容主要有以下几个方面：逐步实现农业的机械化、电气化、生物化和化学化，这是改造传统农业的关键，也是传统农业彻底改造成为现代农业的根本标志；提高农民素质，实现从体力劳动为主体向脑力劳动为主体的转变，使劳动者的素质与劳动工具、劳动对象的提高相协调，只有这样才能使先进技术变为现实的社会生产力；农业产业应逐步由劳动密集型向资金密集型、技术——知识密集型转变；不断更新生产手段，以前所未有的管理手段实现资源的合理配置和高效率利用，保护生态环境，以最小的投入获取最大的效益。

第二节　规划编制标准

截至目前，全国 32 个省会城市（直辖市），均已基本明确提出都市型农业发展战略，其他城市也在积极为由城郊型农业向都市型农业过渡做准备。我国都市型现代农业的发展正在从一枝独秀向百花齐放的局面转变，由初期的萌芽状态向快速发展阶段迈进。都市农业已成为带动农业发展、农村就业和农民致富的重要新兴产业。

但是，目前我国都市农业园区发展面临的突出问题是各地区、各类型都市农业园区发展水平参差不齐，发展方向尚不确定，缺乏标准去规范和引导都市农业园区的规划、建设、经营和管理。基于此，北京市标准化研究院编制了GB/Z32711—2016《都市农业园区通用要求》，给出了都市农业园区发展的各项底线，以及都市农业园区分级指标，规范和引导都市农业园区的生产与建设、管理与服务，减少都市农业园区发展过程中的鱼龙混杂现象，提高消费者的体验感受，增加都市农业园区自身竞争力，引领都市农业园区健康发展。

一、规划范围

标准规定了都市农业园区资源与环境、生产与管理、效果与发展、分级的要求。考虑到都市农业园区建设所必需的要素禀赋、生产所提供的产品与服务、发展所创造的综合效益，首先从资源与环境（资源条件、规划布局、生态环境）、生产与管理（设施设备、产品要求、产品实现、组织管理、科技应用）、效果与发展（品牌建设、综合效益）三大方面规定了作为都市农业园区应达到的基本要求，在此基础上为引导都市农业园区健康、有序发展，又给出了都市农业园区分级评分表，分级评分表包括10个大项41个二级项。各类都市农业园可根据该标准给出的要求开展规划、建设、经营和管理工作。

二、术语和定义

为便于标准使用者正确理解，该标准对“都市农业”和“都市农业园区”设立了术语，其中“都市农业”的定义引用自GB/T 31736—2015《特色农业基础术语》，“都市农业园区”的定义则是根据现有文献进行的归纳总结，强调了都市农业园区必须具有农业生产功能这一特征，体现了以农为本的特点，避免都市农业园区在规划建设中逐渐偏离农业生产特征，完全转型为服务业企业。具有科技研发、示范带动、科普教育、休闲观光等功能，则体现了都市农业园区的功能多样性。

三、资源与环境

资源与环境方面规定了资源条件、规划布局和生态环境三大项要求。对于计划开展都市农业园区经营活动的标准使用者来说，可以先从这三方面进行考察评价、开展规划。对于已建成的都市农业园区也可以从这三方面对园区进行评价，发现不足，提升改造。资源条件是都市农业发展的基础，也是功能拓展的前提。资源条件就好比都市农业园区的先天基因，良好的资源禀赋将会对都市农业园区的发展产生持续的正向影响，所以该标准将资源条件作为都市农业园区评价的第一个评价指标。资源条件包括自然资源、农业资源、人文资源和交通条件，前三项资源决定都市农业区是否具有独特的吸引力，能否引起消费者的兴趣，是否具有开发利用价值，其中对于农业资源的要求可将都市农业园区区别于一般的旅游观光景点。交通条件主要考虑了都市农业园区可达性，是否便捷的交通条件也是影响消费者是否愿意前往消费的重要影响因素，且都市农业园本身的特征之一就在城市区域范围及环城市经济圈形成，因此都市农业园区在可达性方面应具有优势。

规划布局是实现都市农业园区发展高位引领的重要基础。都市农业园区的建设需要对环境载体进行科学的设计，合理的布局，包括园区面积、农业生产用地面积比重，园区规划和园区设计等。该标准对于园区面积给出了不小于100亩的基本要求。园区规划中指出各功能区布局合理，因为都市农业园区不是单纯的农业生产园区，是一二三产融合的产物，因此，要突出功能分区的概念，同时良好的功能分区可以让园区特色突出、管理有序。区别于普通农业生产，都市农业园区设计要求体现特色，可以是地域特色、产业特色或文化特色等，都市农业园区应符合国家生态环境建设的整体要求，涵盖都市农业园区的内外环境状况，包括环境质量、环境整洁度和植被覆盖率。环境质量从空气、水、声、土壤等方面做出了要求，强调农产品产地环境应符合相关规定和标准。环境整洁度是对园区的内部环境提出的要求，通过园区的建设、日常维护和管理可以不断改进和完善。该标准给出了植被覆盖率的量化指标，植被覆盖率通常是指植被面积占土地总面积之比，一般用百分数表示。植被面积包括各种原生植被、次生植被和潜在植被等自然植被所占的面积以及各种农田、果园、草场、人造林、绿地等人工植被所占的面积。

四、生产与管理

生产与管理方面规定了设施设备、产品要求、产品实现、组织管理和科技应用五大项要求。这五大项要求可以充分体现不同都市农业园区在园区建设、经营管理水平上的差别，园区经营者可参照这些方面拓展经营领域，提升管理水平。

设施设备主要对都市农业园区的硬件条件进行规范。要求都市农业园区要有与其定位相符合的各类设施设备。由于都市农业园区具有一二三产融合的特点，因此设施设备要求中包括了园区内道路设施、生产设施设备、服务设施和安全卫生设施，在分级表中又对各类设施进行了细化，如服务设施又分为餐饮、住宿、休闲娱乐、信息商务、科普教育、游览引导的设施设备。根据功能、特色、产业的不同可选择性打分，对于通用的基本要求在分值设置上占比较大，对于差异化服务方面相对占比较小，这样既体现引导，也规定了底线。

产品要求主要规范都市农业园区提供的各类产品，既包括农产品，也包括服务产品。具体要求涉及农产品质量安全、农产品多样性、分级与包装、服务产品质量、服务产品多样性以及文化开发与利用。与常规的产品要求相比，除产品质量要求外，还对产品多样性提出了要求，目的是引导都市农业园区的多功能开发利用，满足消费者多样性的消费需求，提升园区吸引力，提高农业综合效益。农业与农村文化的开发与利用，能够赋予园区文化内涵，使都市农业园区有别于一般生产性园区。产品实现对都市农业园区提供的农副产品及服务产品的实现过程提出了要求，强调用标准化来规范生产和服务的全过程，实现过程控制，提高农副产品生产的规范性与服务的规范性，从而保障产品质量与服务质量。

组织管理在规范运营和管理的层面上提出了要求，目的是促进都市农业园区管理的规范化和运行的制度化，解决园区经营管理较为粗放的问题。主要包括组织机构、管理制度、人员管理、实施与考核、安全管理和消费者评价。组织机构、管理制度、人员管理、实施与考核这几方面都是企业或机构运营管理的常规要求，可借鉴其他行业的管理要求。在安全管理方面，由于园区一二三产融合的特点，需要考虑多方面的安全因素，如食品安全、服务过程中的安全、设施设备安全、应急处理预案等。该标准提出消费者评价要求，主要目的是引导园区树立持续改进观念，不断保持和提升园区的吸引力。科技应用在都市农业区发展中是必不可少的，主要包括新技术（新品种）应用、现代信息化技术、清洁能源应用。农业生产中新技术（新品种）的应用可以提高农业生产效率，同时也可以提高农业展示度，既能实现农业本身的增产增效，也能提升园区吸引力，因此，在该标准中提出了这一要求。

现代信息化技术的应用主要体现在运营管理方面，通过现代信息化技术应用可以为消费者提供便捷有效的服务。清洁能源应用符合国家发展规划中资源节约的要求，可引导园区尽可能地使用清洁能源，减少排放，保护环境。

五、效果与发展

效果与发展方面，规定了品牌建设和综合效益两大项要求，这两项要求主要是衡量都市农业园区建设取得的成效，标准使用者可用这些指标评价园区发展水平。

品牌建设是品牌拥有者对品牌进行的设计、宣传、维护行为，该标准规定了产品品牌、园区品牌和园区获得的奖励，这些方面可以体现园区及产品知名度和社会认可度，好的品牌建设可以大大提升园区的竞争力。

综合效益是经济效益、社会效益、生态效益的综合体现，该标准主要设定了单位面积纯收益、示范带动作用、年接待游客量和废弃物循环利用 4 项评价指标。根据可操作的原则，标准编制组经过调研核算尽量给出了可测算和量化的指标，如单位面积纯收益等。本着资源节约、环境友好的原则，该标准要求园区农业生产废弃物全部达到无害化处理的基本要求，避免对环境造成污染。

第三节　规划编制框架

虽然北京市标准化研究院编制了 GB/Z 32711—2016《都市农业园区通用要求》，但该标准重点针对项目建设的分级及标准，对于规划中的规划编制框架并未进行详细的阐释。本书根据多年经验，对都市热带农业的规划编制框架进行编制，以目录的形式进行阐释。

第 1 章　绪论

1.1　规划背景及由来

1.1.1　政策背景

1.1.2　项目背景

1.2　规划原则

1.3　规划范围

1.4　规划期限

1.5　规划依据

1.6　规划方法及流程

1.6.1　规划方法

1.6.2　规划流程

第 2 章　发展现状及分析

2.1　自然条件

2.1.1　地理

2.1.2　气候

2.1.3　水文

2.2　社会经济基础

7.1.1　布局原则

7.1.2　规划结构

7.1.3　总体空间布局

7.2　建设规划

7.2.1　智慧农业板块

7.2.2　创意农业板块

7.2.3　休闲农业板块

7.2.4　标准农业生产板块

第 8 章　基础设施规划

8.1　交通系统规划

8.1.1　规划原则

8.1.2　对外交通

8.1.3　内部交通

8.2　水利工程规划

8.3　景观系统规划

8.4　节能减排规划

8.5　电力、通信规划

8.6　环境卫生规划

8.6.1　生态系统保护

8.6.2　污染物处理

第 9 章　投资估算与资金筹措

9.1　投资估算

9.2　资金筹措

9.3　资金使用和管理

第 10 章　效益分析

10.1　经济效益

10.2　社会效益

10.3　生态效益

第 11 章　组织管理与进度安排

11.1　组织管理

11.1.1　组织管理架构

第四节　规划实践案例

2010 年 4 月，在广州市第十三届人民代表大会第五次会议上所做的《政府工作报告》中提出要重点推进南沙都市型现代农业产业园建设，努力打造成为国家级现代农业园区。根据以上各级政府相关文件和各层次规划，结合园区现有资源优势和农业发展的特点，南沙区提出建设现代都市农业产业园区，规划由广东省农业科学院科技情报研究所（现农业经济与农村发展研究所）编制，虽然该规划编制已经过去 10 余年，但其前瞻性强、实用性强，放至今日依然是一个较为优秀的都市热带农业园区规划。本书以其为案例进行阐释。

一、规划原则因时因地制定

在规划编制过程中，根据南沙都市热带农业园区的资源禀赋及政策条件，确定了对应的规划原则。

（一）科技示范，创新发展原则

技术示范和创新是产业园的核心任务，规划围绕“智慧南沙、智慧农业”展开，采用生物育种、智能化控温控水技术、节水灌溉等农业高新技术，结合农业创意、创新发展思路，把农业休闲融入农业生产经营中，并通过构建园区长效运行管理机制、组建基于高度共识与互信的产学研创新团队，保障技术创新任务的完成。

（二）保护耕地，高效发展原则

宏观把握，统筹安排，在保护耕地的基础上发展高效农业，遵照“先重后轻，先主后次，先急后缓”原则，制订切实可行的近中期工作计划，按照整体布局方案，明确项目实施步骤，分步实施、滚动发展，确保规划得到顺利实施。

（三）因地制宜，特色发展原则

根据园区内不同的区位、资源禀赋、经济发展条件，结合园区实际情况，因地制宜、特色发展，对园区内的地块进行科学定位和规划。

（四）生态优先，持续发展原则

整合各种资源，发挥比较优势，对土地资源、环境资源、水资源等自然资源和产业基础进行统筹规划，生态优先，积极推行标准化生产，坚持速度与效益相统一，实现园区生态、经济、社会效益相协调，促进农业可持续发展。

（五）突出重点与可操作性原则

重点突出农业产业化生产，明确发展目标，实行智慧农业、创意农业和农业时尚休闲旅游互动发展，合理规划布局、统筹城乡发展，建立集生产、休闲、示范功能于一体，多层次展示现代农业科技成果，为周边地区提供优质农产品和观光休闲的好去处。规划突出重点，做到高起点、高目标；也与园区的发展条件相结合，既有创新性，又有可行性和可操作性。

二、摸清园区基础，分析园区所需

规划以实地调研为基础，通过实地踏勘，走访相关部门和企业，了解当地政府和经营企业对园区开发目标要求、园区种养情况、基础设施现状、环境及周边市场情况；同时与南沙区农林局领导、相关业务部门及街道领导进行访谈，了解园区、南沙区的农业发展现状、存在的问题，园区规划缘由、思路建议，并收集相关资料。

在充分分析园区现有自然条件和农业资源的基础上，运用产业建设理论体系、现代农业经济学和生态农业循环经济等理论，有针对性地提出适合园区发展的空间布局、战略思路、运行模式等。运用比较分析法，将南沙都市型现代农业产业的现状和条件与珠三角其他地区进行比较分析，评价分析园区优劣势，并为园区的战略定位做出准确判断提供依据，促进园区与周边同质项目形成“错位化、差异化、特色化”发展。

三、案例分析探寻成功经验

编制团队先后对北京蟹岛、上虞“四季仙果”、四川成都五朵金花、深圳碧岭现代农业科技园区、广州南沙百万葵园的发展模式、发展特点、优势及不足进行分析，探寻都市热带农业现代农业园区的构成要素与发展方向。

（1）现代的都市农业　产业支撑，规模与品质。

（2）科技引领发展　科技支撑，进步与发展。

（3）突出旅游主题　开发核心，特色与创意。

（4）优美的乡村环境　环境基础，视觉与韵味。

（5）多元的项目产品　吸引亮点，参与与体验。

（6）深度的文化体验　特色内涵，新奇与品位。

（7）舒适的休闲设施　品质提升，舒适与便利。

（8）社会主义新农村　城乡统筹，社会与民生。

确定出以农业产业为基础，构建“高效的现代化农业 + 完善的配套服务设施 + 理想的乡村环境”的都市型现代农业园区，为市民提供生活所需的各种新鲜的农副产品，发挥农业特有的经济功能，同时，为市民营造生存所需的绿色生态环境，提供城市人心目中的乡村生活。

四、市场分析明确产业选择

编制团队从发挥农业“生产功能”的角度对园区农业产业进行市场分析和选择，具体而言，结合南沙都市农业产业园区的实际情况，根据市场发展需求，进行农业主导产业的选择与发展策略确定。最终确定园区未来主要产业重点发展花卉和蔬菜产业，引导发展热带亚热带水果产业和水产业，适当发展绿化苗木产业，鼓励发展休闲农业和旅游业。

五、运用前瞻性强的规划理念

园区建设以“高产、优质、高效、生态、安全”为指导，遵循“智慧农业、创意农业和休闲农业”同步发展，利用高新技术，按照高标准要求，促进都市型现代农业产业优质高效发展。

（一）智慧农业

广州市提出建设南沙智慧岛，从智慧政府、智慧服务、智慧企业等层面逐步展开南沙智慧岛建设，探索“智慧南沙”未来发展新路。智慧农业的发展也为南沙智慧岛增添新元素。智慧农业，简单的解释就是物联网技术在农业领域的运用，利用物联网信息技术建立合理、高效、稳定的农业生态环境管理，改善与提高生产系统工作效率的农业生产过程管理，以及控制危害与损失的农产品安全管理，实现园区的智能化发展，达到农业生产过程管理与提升农业生产竞争力的目标。

（二）创意发展

园区提倡创意发展，并非单纯提出几种新型创意农产品，而意在强调对传统农业发展模式的创新和改造，用创意产业的思维方式重塑农业产业，构建以农产品生产为基础，以创意观光休闲娱乐为亮点的产业发展体系，形成一种适应现代社会经济发展转型的全新模式。

（三）时尚休闲

陶渊明有“采菊东篱下，悠然见南山”的悠然，孟浩然有“开轩面场圃，把酒话桑麻”的温馨，说明自古以来田园之乐就是人们所喜爱的一种休闲。将现代时尚文化与农业天然、休闲的元素相结合，打造成充满乡土气息田园风光的休闲度假娱乐场所。

六、总体思路鲜明

园区建设以“都市农业”为主题进行总体布局和农业生产，根据“智慧农业、创意发展、时尚休闲”的开发理念，以珠三角地区花卉、蔬菜、水果等高效园艺作物种养为基础，以“智慧激发创新、创意谋求发展、旅游成就辉煌”为主要发展思路，形成以农业带动旅游业发展，以旅游促进农业升级，实现产业结构优化、空间布局合理、生产技术先进、生态环境优美、休闲生活时尚，最终把园区建设成集农业生产、科技示范、休闲旅游、生态保护于一体的国家级现代都市农业产业园区。

智慧激发创新：在物联网技术、通信技术、传感技术基础上，实现资源整合，形成技术体系并进行应用与推广，将智能化、信息化、物联网等现代化科学技术融入园区各功能区建设中，实现园区创新发展（产业创新、技术创新、管理创新、运营策略创新等）。

创意谋求发展：园区的建设打造以创新科技研发、创意产业孵化、精品项目推广、技术服务等功能于一体的综合型产业园区。作为一个创意产业平台，要注重时代性、质量、生活的需求，要把消费者的需求和现代社会时尚挖掘出来，反馈给消费群体，也就是说，园区的建设要把更多精力放在提供高效、规范的农业产业价值，进一步推动创意产业发展的方向上来，把产品、休闲价值和品牌，很好地融合到一个产品里面，成立一整套品牌体系，每一个品牌正好适合于一个消费领域，谋求园区的可持续发展。

旅游成就辉煌：以产业为基础，以休闲旅游为主题，丰富产业园区发展方式和内涵。园区通过分时期分步骤建设休闲农业板块和创意农业板块，发展农业休闲旅游业，整合产业资源、美化景观环境，形成农业生产资源与生态休闲产业互动式发展。培育乡村体验式、高端商务度假式、都市观光及消费式的农业休闲旅游业产品，为园区科技研发和农业生产提供优美环境，使园区发展更具吸引力和生命力，实现可持续发展，成就园区未来的辉煌高产。

七、定位多样直观

总体定位：国家级现代农业示范园区、智慧农业 / 创意农业展示先行区。

功能定位：根据园区的总体规划思路和发展定位，确定园区建设在功能上分标准化生产加工功能、科技推广示范功能、高新技术展示功能、科普教育功能、观光体验功能和休闲度假功能等。

形象定位：创造崭新都市农业；营造优美田园风光；引领低碳生活时尚（图7-1）。

图 7-1　南沙现代都市农业产业园整体效果图

八、规划布局合理

全面挖掘生产、科技、休闲三大元素，将农业产业、科技展示、休闲旅游有机结合，提高农业和农产品附加值，促进多产业的共融发展，创新旅游休闲文化产品卖点，形成广州地区开放性、综合型现代都市农业产业园区。园区以现代科技为支撑，在建设现代农业产业的基础上，将农业与休闲旅游两种产业相结合，以“四大板块、二十个功能区”的总体框架布局。

智慧农业板块：位于六涌和七涌之间，灵新大道以北区域，总面积为 4 685.37 亩。包括园区信息化管理服务区、现代物流交易区、生态渔业养殖区、绿色蔬菜种植区、景观绿化苗木种植区和科研培训基地 6 个功能区。

创意农业板块：位于七涌至八涌之间，龙珠新村以北，凤凰大道以南的区域，规划面积为 2 762.63 亩。包括次入口游客服务区、艺术田园、创意农业展示区、创意农业体验区、创意农业休闲区和创意农业游乐区 6 个功能区。

休闲农业板块：位于七涌与八涌之间、凤凰大道以北的区域，濒临蕉门水道，总面积为 1 726.58 亩。包括企业农庄区、荷塘粤色滨水度假区、滨水休闲区以及荷花莲藕生产基地 4 个功能区。

标准化生产板块：分布于上述三大板块周边地区，总面积约 16 000 亩。包括蔬菜标准化生产示范区、水果标准化生产示范区、花卉标准化生产示范区和水产标准化生产示范区 4 个功能区总体定位。

九、创意贯穿整个规划

编制团队高度重视创意引领，在多个板块贯穿始终。本书对其创意农业板块特色进行描述，特保留原规划中数字标识。

该板块运用创造性的思维，以“创意生产、创意生活、创意生态”为主线，创意融于农业，使农业与时尚结合，寓科教于旅游、观光体验之中，塑造新、奇、特互动农业。实现农业与创意紧密结合，将观光休闲、拓展娱乐、科普培训及游客管理等功能融入园区，使园区农业生产通过多种形式表现出来，农业从此变得充满趣味，充满创意。

（1）入口牌坊　体现农业特色，以植物园艺装饰牌坊，绿色的植物为底色，花卉镶嵌中间成字符或拼音形状。

（2）樱花林停车场　停车场种满樱花，实现植物对停置的车辆自然阻隔，每个车的停位之间，樱花烂漫，相邻而不相扰，实现停车场生态化。

（3）迎宾大道　沿灵新大道入口至创意板块修建迎宾大道。

（4）自行车租赁中心　园区内设置完善的自行车交通环线，向游客提供不一样的观景和游乐方式。

（5）生命之门　农科大观区的地标，也是整个项目的地标，让游客在南沙快速干线上就可以看到。生命之门做成一个巨大的拱形，选取竹子等生态材料，寓意中国农业探索和创新之路，通过内部灯光色彩变化，形成夜间视觉焦点。

（6）农夫水果市场　以园区内自产瓜果为主，各种类型的瓜果配合文字说明，向游客介绍瓜果的生长条件、科技含量、无污染等相关知识。

（7）瓜果采摘乐园　包括柑橘园、草莓园、木瓜园、杨梅园、香蕉园，不同种类的果树划分为不同区域，在瓜果成熟季节供游客进入院内进行瓜果采摘，体验收获的喜悦。

（8）在线菜田　把租种菜地分成小块，每个小块菜地安装摄像装置，游客在家可以全天候对菜地进行监控，及时了解浇水、施肥、喷药、除草等。平日可由园区管理人员进行管理，吃不完的蔬菜可在园区管理处进行代销。

（9）岭南疍家风情码头　可以在此上岸或者登船，领略岭南水乡风情，游客可以饱览两岸花田景色及风车阵。

（10）中国农业种子馆　建筑采用类似上海世博会英国馆的现代建筑风格，以现代的展示材料向游客展示中国农作物种子，了解农业生产和大自然的知识，体会大自然奇妙的生命力，增添游览趣味和教育功能。

（11）油画商店　园区内定期组织艺术家以园区景色为主题的写生活动，挑选其中优秀的作品进行展出和销售。

（12）花卉摄影基地　围绕花田景观和修建各种景观小品，成为周边各大影楼和摄影工作室的户外拍摄基地，为广大游客提供婚纱摄影、个人写真、自然风光拍摄的地方，也给游客观赏不同时期花田美景。定期展出优秀的摄影作品。

（13）水乡花世界　保留原农田和浇灌水渠的耕种模式，形成花田与水道相交的景观。各式各样颜色鲜艳的花田，放眼望去原野犹如一道地上的彩虹，空气中弥漫各种花香，心情豁然开朗。

（14）花艺餐厅　餐厅内以花为主题，提供各种餐饮服务，如梅粥、桂花糕、百合炒鱿鱼等系列花卉菜肴。不同季节采用各类插花装饰餐厅内部，游客在品尝各种健康花卉美食的同时，能观赏各种室内插花艺术和室外花田美景。

（15）干花艺术展览中心　干花源于大自然，比绢花、塑料花逼真，不需莳养。

在展览中心内主要展示干花制作工序，以及干花艺术插花、干花壁钟、干花壁挂等各类艺术品和花卉标本。

（16）DIY 园艺工坊　为游客提供制作各种鲜花、干花、花篮等园艺制作材料和工具，并安排专门的园艺者进行现场指导，提供一个动手制作纪念品的地方。游客购买制作原料后即能现场制作。

（17）花艺纪念品商店　专营带有产业园标志的各类花艺纪念品，每一个花艺纪念品都由产业园专业的插花师制作而成。同时，也可为游客专门进行花艺制作。

（18）万圣节花园　万圣节被称为“死人之日”，或者“鬼节”。这一天各种恶鬼出没，死去人们的灵魂也会离开身体，在世间游走，这一天的晚上也就格外危险。万圣节花园为游客打造一个开满鲜花，游客戴着面具相互嬉戏的花园。

（19）大棚花鸟餐厅　在大棚环境内，培育特色花卉、盆景艺术，并喂养各种鸟类。之中设置餐厅，让游客在花卉、鸟类围绕的环境中享受美食。

（20）黑巫婆城堡　修建欧式古堡，里面设置各种机关，通过光线的变化和声音营造恐怖气氛，里面有会动的僵尸、无头骑士，最恐怖要数黑巫婆了，因为她会随时站在你身后。

（21）南瓜仔乐园　种满遍地的南瓜，有拳头那么大的，有上百千克大的，营造一个南瓜乐园。南瓜以不同的颜色、形状及不同的雕刻吸引着游客进去游玩。

（22）稻草人世界　利用旅游区不同季节干枯的植物，做成数百个稻草人，每个稻草人背后都有一个甜美的故事，游客可通过射箭的方式射中稻草人，方可获得甜美的爱情故事答案。

（23）昆虫特工队　在一个虫子造型的屋子里面，做很多昆虫的标本，让游客分清哪些是有益的昆虫，哪些是对植物和庄稼有害的。

（24）糖果屋　在一个糖果造型的屋子里面，放很多种糖果，有真糖果，也有假糖果，游客要用智慧去判断。

（25）水果精灵之家　在一个屋子里面，放各种各样的水果，通过场景及文字解说，每种水果都被赋予了不同的精灵色彩，游客需要理智和懂得放弃才能得到。

（26）水上拓展区　在本区块内水系上设置，含拓展和水上乐园，主要包括水上浮桥、水上拔河、水道赛车接力等拓展项目，还有悠波球、橡皮船、水上步行球等休闲项目。争取以此为基地，与电视台合作，开展“城市之间”之类的电视比赛活动。

（27）拓展训练营　以青少年学生、企事业团队等为主要目标市场，设置素质教育、户外运动、拓展运动的各种设施，形成完整接待功能。项目主要有素质教育楼、拓展基地（包括人工攀岩墙、跨越断桥、空中飞人、独行侠、高V、铁三角等多个项目）、篝火演艺场、中心广场等。

（28）绿野仙踪童话世界　《绿野仙踪》在文学上取得了卓越的成就，它对传统的神魔小说有所突破和创新，融神魔小说、世情小说、历史小说为一体。本项目结合绿野仙踪的故事情节，和儿童游乐相结合。

（29）热气球基地　在专业人员的陪同下，让游客腾空俯视广阔田园，从整体上对南沙农田、水渠、花田进行观赏，实现游客水、陆、空观赏景观的体验。

（30）草原牧场　种植大片草场，养殖绵羊、马匹，营造广阔草原的辽阔景观。开展剪羊毛表演和组织骑马的活动。设有露天烧烤场和帐篷露营点，露营点可以解决旅游旺季游客住宿问题。

（31）四季农业知识园　南沙一年四季气候温和，都能进行农业生产活动。在不同的季节，种植相适应瓜果，配以相应的解说牌，介绍相应季节的蔬菜瓜果种类和蔬菜瓜果食用的知识。

（32）酿酒DIY　做一些DIY酿酒屋，提供工具材料，让客人自酿酒，提供代管发酵，代包装、代贮存、打上客人的名字作为礼品等服务。

（33）鼹鼠欢乐地道　在地下挖掘地道，分为20个出口，地道里面有鼹鼠的谷物仓等，游客进入地道就像进入地下迷宫，在规定的几个口出来为获胜者，有礼物赠送。

（34）定向野战区　分日夜场，分成果林、农田、水畔等不同场地，提供各种装备，游客组织对抗赛。

（35）汽车营地　配套服务中心，以房车和私家车为主要对象，营地采取分块布局，每一辆汽车都拥有自己相对独立的一个空间，游客在其中烧烤、搭帐篷，不受其他干扰。营地周围有露天电影放映。露营地和汽车营地周围水、电设施齐全，周边有购物设施。

（36）露营区　满足大众游客需要，客人可以带着帐篷、野炊用具，到露营地进行烧烤等活动，分成多个场地的露营场所，配备有厕所、餐饮、取水、帐篷租用等设施，提供安全、完善的露营点。游客枕星而眠，体验远离喧嚣的宁静。

（37）家庭农庄　每个农庄配有独自的菜园，农庄内有自助厨房，供游客在采摘新鲜的蔬菜后，亲自烹制菜肴，提供家庭聚会的场所。

（38）岭南生态馆　建筑采用典型的岭南传统建筑风格，镬耳高墙，临水而建。借鉴上海世博会滕头案例馆的做法，以关注生态和谐、乡村发展为主题，展出岭南生态环境、现代农业科技应用、现代乡村等内容，探索未来乡村高级发展的形态。

（39）知青文化博物馆　知青是中国特殊年代的产物，博物馆围绕回顾知青历史、挖掘知青文化、传承知青精神等主题，在馆内进行知青岁月展览，以实物展示、图片说明，配合多媒体进行综合性展示，以启迪和教育年轻一代。

（40）华侨文化博物馆　华侨文化是华人的苦难史、移民史、革命史，是中西文化交流、融合的产物，反映出一种具有强烈凝聚力的人文精神，是一笔宝贵的精神财富。博物馆通过挖掘华侨文化，从华侨历史、华侨分布、艰苦创业、杰出代表、回报祖国等方面进行展示，激励当代人和后人艰苦奋斗、爱国爱乡，树立崇高的民族精神和民族气节。

（41）岭南乡村博物馆　展示岭南乡村具有代表性的农业耕作模式、生活习俗、节日风俗等。利用现代化的解说系统，游客可根据各自的需求了解岭南水乡的发展和民间文化，深刻领略岭南乡村独特的吸引力。

（42）岭南传统手工艺馆　广绣、广彩、木雕、剪纸等多种传统手工艺制品在此向游客展示。工艺馆由民间手工艺技师现场授艺，并现场教学，让游客亲身体验广州非物质文化遗产的魅力。

（43）热带植物馆　广东亚热带植物品种多，在通透性强的玻璃光棚内展示，占地面积 1 000 m^2，分为“植物识别”区、“植物功用”区、“植物珍闻”区、“生态球功能”区等几部分，展示植物的生长、形态、功用、色彩等。

（44）东南亚特色风情街　街区集中了东南亚琳琅满目的商品，包括缅甸玉器、泰国的美食、越南的风味小吃及韩国的特色服饰等，在这里，几乎可以看到东南亚各个国家的商品或美食。

（45）水上烈焰　夜晚降临，水面上烈焰冲空，甚为壮观，水乡味道浓郁。采用电子计算机控制设备，当火焰燃烧气体释放至指定的控制边界时（火球大小、火焰高度），计算机控制自动点火，安全性高。

（46）水上船屋 / 水上街市　借鉴越南的风情，组织员工满载水果、花卉、水乡农产品的小艇，穿梭于河涌上和码头边，向游客销售。以停泊在水中的游船改造成客房，向游客提供水上居所，体验水上生活。

（47）抓鱼池　养殖各色鱼类于池中，设置亲水平台，游客可以在平台上动手抓自己喜欢的鱼,抓来的鱼归自己所有。划分成人池和儿童池,让游客感受返璞归真、童趣无限的乐趣。游客可购买捕获的鱼并带回家品尝。

（48）钓鱼区　设置钓鱼位，约 20 m 一个，围绕区内鱼塘设置垂钓区域，设垂钓管理中心管理钓鱼区日常事务，向游客租售渔具、鱼饵、阳伞、椅子等。

（49）钓虾池　配备完善的休闲钓虾设施，包括钓虾区和用餐区，提供炭炉自助烧烤，有专业烤虾师傅进行指导，即时享受新鲜美食。

（50）水上餐厅　餐厅临水而建，并配有饮食包间。以河鲜为主要烹调食材，采用焖、煮、炸、蒸等方式提供美食，还可为游客提供烹调加工服务。

（51）岭南风情美食街　经营岭南特色美食，具有饮食、购物、观光等功能，营造人气聚集地，齐聚艇仔粥、云吞面、牛腩粉、布拉肠、豆腐花、工夫茶等多种传统美食，还有各种广式茶楼，以园区生产的绿色食品为食材为游客提供各种健康、怀旧的岭南美食，让游客边领略古朴水乡风光，边享受传统美食。

（52）乡村舞台　临水修建，上演具有岭南特色的剧目，丰富游客夜间生活，加深渐渐消失的岭南记忆，编排融入各种岭南文化元素的原生态技艺表演。不定期举办喜庆吉祥的古式水乡婚礼、童趣盎然的木偶戏、精彩纷呈的民间杂耍等。举办水上拔河等各种参与性较强的水乡比赛，丰富游乐活动。

（53）滨水木栈道　修建水上木栈道，满足游客亲水需求，配备休息坐凳、观景台、摄影点等。

（54）大地景观　位于本板块中部左侧，占地约 1 791.42 亩。主要采用规模化种植及展示，产业以蔬菜和花卉规模化种植为主。引进优选、特殊、高价值、观赏价值高的蔬菜作物，如观食两用羽衣甘蓝、罗马生菜、橡叶生菜、花椰菜等。在种植时，通过合理规划绘图，利用不同叶色的品种打造农田景观。使农田同时具备农业生产和旅游观光两项功能，既可生产具备市场价值的产品，也可满足发展旅游的需求。

（55）荷塘度假屋（图 7-2）度假屋在荷塘上打桩搭建，采用木材、茅草等传统材料，建筑与自然环境相融合。搭建栈道直达每个度假屋，各度假屋之间有水隔离，保证住户之间的相对私密。里面有茶座区、品酒区、音乐区、表演区、交际区等，环境优美，格调高雅。设有 VIP 商务包间、有机食品简餐厅等。本区为宾客提供尊贵的、私密性的商务洽谈、休闲娱乐的空间与服务，可满足高端商务人士接待需要。

图 7–2　南沙现代都市农业产业园荷塘度假屋效果图

（56）水上表演舞台　在池塘上搭建表演舞台，表演咸水歌、粤东渔歌等水上民歌，编排水上歌会表演，还有各种戏剧、歌舞、小品、杂技等表演，丰富游客的度假生活，也增加夜间娱乐活动。

（57）垂钓包厢　钓鱼者在包厢房里一边垂钓，一边品菜肴瓜果、美酒，甚至可以当场品尝垂钓的战利品。在包厢里领略钓鱼雅趣，可避免风吹雨打，减少外界的干扰，获得悠哉自然之感。

（58）水上高尔夫　利用人们回归自然、亲水嬉水的天性，一改高尔夫为贵族高消费运动的传统概念，将碧波荡漾的水上球场替代草地球场，具有参与性强、费用适当等特点，游客望着远方碧波荡漾的水面和水面上的目标果岭，一杆挥去，白色的小球在空中划出飞行弧线，在远处应声落水。真乃挥杆之间，贯通天地，氤氲水汽中，体验运动之快乐，让忙碌的身心找到一片广阔的空间，回归自然的安逸。

（59）钓鱼长廊　在池塘中定期投放各种鱼苗，沿塘基设置多个垂钓位。钓鱼者不仅享受到垂钓过程的快乐，也达到一种感受大自然，放松压力的效果。

（60）荷花莲藕生产基地　采用鱼藕混养的模式，发展立体农业，提高土地经济效益。荷花开花季节欣赏接天莲叶和荷花，莲藕收获后荷塘边设置活动的垂钓位，供游客开展垂钓活动。

十、投资估算精准

按照规划园区建设总投资 62 145.7 万元，其中园区功能区及基础设施建设 45 344.1 万元，包括功能区建设费用 16 385.4 万元；道路等基础设施建设投资 6 420.0 万元；工程建设其他费用 16 801.6 万元（包括工程不可预见费、建设单位管理费、设计费、工程监理费、建设单位临时设施费及土地费用等）。项目建成后，实际投资 61 000 万元，与预算相差无几。

十一、组织管理模式先进

为保证项目建设的顺利实施，取得预期的经济、社会和生态效益，南沙现代都市农业产业园采用现代公司制组织架构，以加强组织管理，实现可持续发展。由莱蒙国际有限公司和珠江华侨农场公司共同组建南沙现代都市农业产业园管理公司，双方派出代表作为组成管理公司董事会，董事会下设总经理、副总经理、办公室、财务部、人事部、工程部、管理部、旅游部、市场部等部门分别负责各项工作。

十二、运行模式多样

南沙现代都市农业产业园利用多种渠道，提供优惠条件，为入园企业搭建所需的发展平台。同时将采用多种经营模式对园区进行管理，主要有承包、转租、自营等方式。

承包为园区主要经营模式，南沙现代都市农业园采取“农民专业合作社 + 基地 + 农户技能培训”新型承包经营模式，将园区内部分项目如蔬菜种植，旅游经营等业务承包给专业公司、农户进行生产管理。园区提供管理、产后销售、技能培训等服务，实施科技指导入园，增加科技投入。

转租即园区根据情况将部分土地、温室、设施转租给企业、农民，由承租方自负盈亏经营。但同时需签订转租协议，规定其经营项目必须符合园区规划要求，不得改变原状。

自营即由莱蒙集团投资、派人员组建公司，该公司与园区独立核算，自负盈亏。自营公司负责园区内部分业务的运营，同时按标准向南沙都市农业园区管理公司缴纳相关费用。

十三、保障措施有力

（一）政策保障

主要是推动当地政府制定一系列的相关政策，保障园区发展。政府在用地、税收等方面给农业企业、特别是带动力强的龙头企业优惠政策，以利于发展壮大；同时制定优惠政策，吸引符合当地农业产业发展的企业来南沙发展。结合园区在“菜篮子”工程建设方面的项目，对于在本园区从事蔬菜、水产等与本地区日常消费紧密结合的生产及流通企业、大户、协会等，给予财政补贴，鼓励流通组织发展。地方政府每年安排一定数量的建设用地指标，用于解决发展休闲观光农业必需的建设用地；对休闲观光农业区内用于农业生产的管理用房、配套设施用地，在不改变农用地性质、不涉及建成永久性建筑物的前提下，视作农业生产用地。对优秀的农业项目进行星级评估，对被评为 A 级的农业企业享受优先推荐申报市级农业龙头企业优惠，评为 AA 级的享受优先推荐申报省级农业龙头企业优惠，各级部门严格执行上级有关政策，确保政策到位。

（二）技术保障

一是加强农业科技创新体系建设。进一步加大农业科研投入，加快农业科技创新重大基础设施建设，鼓励转化和引进更多的国外先进农业技术。加强农科院、农学院、农业技术研究中心、工程中心、农业科技园区的创新能力建设，推动农业技术成果的集成创新和中试熟化，强化产学研结合，建设一批现代农业科技创新平台。

二是重视人才引进和培育，建立专业化的人才队伍。建立与市场经济体制相适应的用人机制，在引进人才的同时要加强园区内部技术骨干队伍的培养，建立一支有技术、懂管理的人才队伍，为园区建设提供技术支撑；抓好园区内农民特别是科技骨干的农业技术培训，促进农民教育的规范化、制度化，通过技术讲座、专业培训等多种形式，培养一支有文化、懂技术、善经营、会管理的农民技术队伍，形成梯度合理、差别有序的农业专业化的人才队伍。

三是加强农业技术推广体系建设。按照强化公益性职能、放活经营性服务的要求，加大基层农业技术推广体系改革力度，合理布局国家基层农业技术推广机构。鼓励和引导农业技术协会、研究会、农民专业合作组织、农业龙头企业及其他社会力量参与农业技术推广活动。

四是组织实施农业科技示范工程。发挥政府农业科技项目引导作用，实施科技示范工程。建立科技成果进村入户的有效机制，培养一批科技大户，有效提升农业科技化水平。

（三）资金保障

一是基础设施建设投入以政府为主。加大政府对基础设施和产业的投入，保证用于园区建设中的公共性项目的建设和新农村风貌改造建设资金的落实，优先安排园区农业项目的建设，集中在设施农业建设、农田基本建设、农业环境污染和生态破坏防治、水利和生态环境建设等方面。

二是经营性建设投入以企业为主。经营性建设由园区管理公司分项目对外招商，吸引社会资金、企业资金和金融资金进行经营性设施的建设。建立开放式、市场化的投融资机制，制定有利于筹集园区建设资金的各项政策，鼓励不同经济成分和各类投资主体，以独资、合资、承包、股份制、股份合作制等不同形式积极参与园区建设，多渠道筹措资金。

（四）市场保障

加强市场与信息服务体系建设，构建服务保障。一是扩大市场范围。加快与规模大、辐射范围大的农副产品交易中心或优势农产品产地批发市场建立良好供需关系，扩大市场范围，保障园区农产品主要市场的销售；二是创新农产品流通体制。大力发展多种形式的农产品加工、配送、连锁经营等新型业态，完善和建设一批物流基地和物流园区，形成功能齐全、辐射力强的区域性农产品市场流通网络。三是加快农村市场信息服务网络设施建设。建立起覆盖全市乡镇信息服务站、市级以上农业龙头企业、农产品批发市场、中介组织等的农村市场信息服务网络；加强农产品批发市场信息系统建设，扩大市场与信息辐射范围；建立功能完善、反应敏捷的农产品进出口预警系统，及时提供农产品生产和贸易信息。同时，进一步强化农技“110”、短信平台和农业信息网站的服务功能，重点加强国内外农业科技成果展示、宣传和推广，为农民提供现代农业技术信息。

第八章　都市热带农业发展展望

第一节　乡村振兴背景下都市热带农业发展展望

一、乡村振兴背景下都市农业发展需求

都市农业自20世纪60年代起从欧美萌芽，于90年代在我国北京、上海、深圳等大城市逐渐兴起，随后在各大中城市迅速发展，如今呈现如火如荼之势。纵观国内外发展历程，经济社会发展、城乡关系变化以及城市居民需求是都市农业演进的宏观环境和时代背景。历史车轮滚滚向前，中国特色社会主义已进入新时代，实施乡村振兴战略的大幕已拉开，质量兴农、绿色兴农、品牌强农的号角已吹响，中国农业开启了高质量发展的新篇章，发展都市农业是农业高质量发展、农业供给改革的必然选择。

（一）经济社会新发展为都市农业高质量发展确立了新起点

经济社会发展推动都市农业形成与兴起，两者呈显著正相关关系，总体上讲，某一地区的经济社会越发达，都市农业发展水平也越高。2019年我国人均GDP达到10 276美元，按照世界银行划分标准，我国已经迈进中等偏上收入国家行列，将推动我国都市农业驶入转型升级的“快车道”。未来，我国都市农业将从仅为城市提供农副产品的传统生产性业态，跃升为深度融合加工物流、休闲旅游、文化传承、艺术创意等多种产业的高级业态，我国都市农业已站在了高质量发展的历史新起点上。

（二）城乡关系新变化为都市农业高质量发展带来了新机遇

一般来讲，当城镇化处于较低阶段时，城市对郊区的影响以“虹吸效应”为主，周边乡村地区劳动力、资金等要素向城市集聚，城镇化进程加速；当城镇化处于较高阶段时，城市对郊区的影响以“扩散效应”为主，各类先进要素“倒流回”周边乡村地区，“逆城镇化”现象开始出现。2019年，我国城镇化率达到59.84%，大城市城镇常住人口占总人口的比例普遍超过85%。都市农业地区毗邻城市，在承接城

市先进要素回流方面具备先天优势，都市圈是乡村振兴最有利的地域空间，都市农业高质量发展迎来难得的历史机遇。

（三）城市居民新期待为都市农业高质量发展提出了新要求

2017年我国居民恩格尔系数为28.2%，位于联合国划分的20%～30%的富足标准，也进入了消费结构快速升级的新时期。城市居民对农业的期待更高，不仅要“吃得优质、吃出个性、吃出风味”，更要看得到青山绿水，聆听到蛙鸣鸟叫，感受到乡俗风情。人民日益增长的美好生活需要是都市农业的新使命。大中城市有责任有义务率先实现农业高质量发展，向城市居民提供更加优质的“菜篮子”产品、更加宜居的生态环境、更加愉悦的生活体验。

二、发展原则及发展路径

中共十九大做出实施乡村振兴战略的重大部署，这是以习近平同志为核心的党中央立足中国特色社会主义新时代、把握我国社会主要矛盾转化做出的战略性抉择。实施新时代都市农业高质量发展，习近平总书记“三农”思想是指引，乡村振兴战略是统领，质量兴农、绿色兴农、品牌强农是主旋律。

（一）充分认识都市农业的重要性

习近平总书记强调，要让城市融入大自然，城市在周边保留一些庄稼地有什么不好呢？稻田、麦浪、青纱帐、湿地都可以成为城市风景。都市农业完全可以成为城市的生态屏障。城乡规划要为都市农业发展留足空间，将都市农业纳入城市发展总体规划，努力构建城市与农村和谐相融、交相辉映的新型城乡形态，实现都市和乡村各尽其美、美美与共。

（二）建设更高质量的“菜篮子”工程

保障城市居民“菜篮子”产品的有效供给，始终是都市农业发展的首要任务，质量安全更是不可碰触的“高压线”。要大力推进“菜篮子”工程建设，切实履行政府主体责任，全面提升“菜篮子”事业发展水平。要顺应市民消费结构转型升级新需要，减少低端无效供给，着重加强优质化、多样化、特色化、品牌化的中高端农产品供给。要坚持质量安全“产出来”和“管出来”双管齐下，确保不发生重大农产品质量安全事件，保证“舌尖上的安全”。

（三）推进更高质量的绿色发展

农业绿色发展是农业发展观的一场深刻革命，良好的生态环境是发展都市农业的最大优势和宝贵财富。城市郊区生态人居环境矛盾相对尖锐，要率先实施农村人居环境整治三年行动计划，推进农村垃圾处理、污水治理，推进厕所革命，还乡村以绿色本色。要率先打赢农业农村污染治理攻坚战，大力发展资源节约型、环境友好型、生态保育型农业，把资源环境压力缓下来。要加强农业资源养护，结合美丽乡村建设，探索与都市农业相适应的田园生态系统保护和修复模式，实现都市圈内人与自然和谐共生和农业可持续发展。

（四）打造更高质量的产业体系

都市农业区域联通城乡，既有优先承接大中城市资本、科技、人才、管理等先进要素回流的区位优势，也有土地、劳动力、生态等农业资源优势，必须向一二三产业融合发展要效益。要大力发展农产品加工业，重点培育一批主食、方便休闲食品和净菜加工等企业，提升农业附加值。要充分运用互联网等信息技术再造产业体系，大力发展农产品电子商务、乡村共享经济、创意农业等新业态新模式，大幅拓展农业增值空间。要探索普惠式发展模式，创新体制机制，通过保底分红、股份合作、利润返还等多种形式完善利益链，让小农户在产业融合发展中有更多的获得感。

（五）推动都市农村高质量发展

新时代都市农业发展不仅体现在农业全面升级上，也体现在都市的农村全面进步和都市的农民全面发展上。要推进乡村治理体系现代化，都市农村在社会治理上要体现出城市水平。要推进农村基础设施建设，实现水电路气房讯等基础设施与城市互联互通，不断改善农民生产生活条件。要加快改善农村公共服务，推动公共教育、医疗卫生、社会保障等资源向农村倾斜，实现城乡公共服务均等化、市民农民一个样。要推进乡村文化繁荣，结合特色小镇、美丽乡村、田园综合体等建设，开发乡村历史文化、民俗文化、生态文化等多种农业农村元素，重现原生田园风光、原汁乡土味道、原本乡情乡愁，为市民留住一个心灵上的世外桃源。

第二节　粤港澳大湾区背景下都市热带农业发展展望

我国热区包括海南全部，广东、广西、云南、福建南部，贵州、四川南端的河谷地带，以及湖南、西藏部分地区，共涉及 9 个省（自治区）263 个县 36 个民族（未统计台湾地区的数据），土地面积 48 万 km^2，为粤港澳大湾区、长江经济带、海南自由贸易试验区和自由贸易港等多个国家战略交汇地带。其中，同属热区的广东是粤港澳大湾区的核心，其发展对于都市热带农业的发展具有重要意义。

一、粤港澳大湾区都市热带农业发展需求

推进粤港澳大湾区建设是习近平总书记亲自谋划、亲自部署、亲自推动的重大国家战略。日前，习近平总书记在广东考察时，多次就粤港澳大湾区建设做出重要指示，为大湾区发展凝心聚力，指明了前进方向。习近平总书记强调，要把粤港澳大湾区建设作为广东改革开放的大机遇、大文章，抓紧抓实办好。对于粤港澳大湾区而言，现代农业产业协同发展是其核心。

（一）产业协同亟待破局

新粤港澳大湾区现代农业产业协同发展迫切需要促进区域内现代农业产业发展要素的相互补给、高效整合和优化配置，有助于现代产业发展过程中要素耦合效应、技术波及效应、产业关联效应和共生经济效应的发挥。香港和澳门虽然农业自然资源相对缺乏，但有极为严格的食品农产品质量安全监测和监管系统；而惠州、台山和肇庆等地拥有相对丰富的农业自然资源，生态优良；广州和深圳是华南地区农业高等院校和科研机构的集中地，拥有较为集中的农业科技资源；“食在顺德”则铸就了顺德传统美食，陈村花卉也早已声名远扬。因此，对粤港澳大湾区现代农业产业的协同发展对于提高现代农业产业的整体效应有着重要影响。

（二）都市农业的多功能性亟待发挥

当前，农业已经不再单纯只是承担食品生产和保障功能，还具有生态环境功能、农民就业与社会保障功能、社会稳定与社会调节功能、国家安全功能（不仅包括粮食安全，还包括食品安全与食物主权等）、文化教育功能、康体休闲功能等，都市农业更是将其进行了有效的融合。在粤港澳大湾区建设中，必须切实坚持新发展理念，以人为本，以生态宜居宜业为核心，充分发挥农业的多样化功能，推动大湾区内各城市农业资源的合理分工、功能互补，提高区域发展协调性，促进城乡融合发展，推进大湾区的农业合作，在为大湾区居民提供必要的食品保障和就业机会的同时，进一步优化大湾区生态环境，提升大湾区的吸引力和竞争力，力促将粤港澳大湾区建设成为富有活力和国际竞争力的一流湾区和世界级城市群，打造成为高质量发展的典范。

（三）农产品贸易亟待完善

多年来，粤港澳人员交往、贸易往来日趋频繁，其中，农业合作和农产品贸易

更是从未间断，日趋紧密。根据相关资料显示，港澳市场 95% 以上的蔬菜，由内地 17 个省（区）供应。毗邻港澳的广东省，供应了两地市场七成的食品。深圳海关的数据显示，从该口岸出境的新鲜蔬菜、水果、活禽等占到香港市场的 85% 以上。其中，惠州是内地最大的供港蔬菜种植基地之一。香港人吃的蔬菜四成产自惠州，香港猪禽及水产品 1/3 由惠州供应。中山市也是供港澳农产品的重要基地之一，供港活鱼占香港市场 70% 的份额，供澳活禽、供澳蔬菜出口数量在广东均居首位。此外，粤港澳农业合作机制健全。供港澳食品之所以能够保证按时按质足量供给，关键在于内地与香港、澳门的紧密合作，尤其是粤港澳农业、食品、交通运输、检验检疫等相关部门的精诚合作。而且，经过多年的实践，粤港澳之间已经形成了一整套行之有效的合作制度与机制，包括供港澳食品农产品原料养殖基地实施注册备案制度以及供港澳蔬菜检验检疫管理办法等相关规章制度，以及日趋完善快捷的物流网络体系和食品产品生产、流通保障体系，确保了供港澳农产品从田间地头（或鱼塘、养殖场）到餐桌的安全，为进一步推进大湾区农业合作奠定了基础，提供了经验。

二、发展路径及策略

（一）优化农业产业结构与区域布局，推进农业产业协同

一方面，优化产业结构。根据粤港澳湾区协同发展的整体定位和总体目标，未来将形成城市经济发达和城乡一体化发展的都市连绵带。无论是从土地资源配置来看，还是从现代城市发展需求来看，广东传统的大宗农产品生产规模将相对缩小，现代高效农业、休闲农业、都市农业将快速发展。当前，广东农业生产中，一般性产品、大陆产品相对较多、供给过剩，但优质农产品、安全农产品、功能专用农产品相对较少、供给不足，不能满足人民群众日益升级的食品消费需求。粤港澳湾区农业产业协同的基本路径是切实转变区域内农业发展方式，由“产量优先、质量合格”的基本保障型发展方式转变为“品质优先、质量安全、产量稳定”的绿色、健康、可持续发展方式。

另一方面，优化区域布局。粤港澳湾区之间应按照各自发展定位和比较优势，优化农业产业布局。首先，粤港澳湾区农业布局要“一体规划”，打破既有条块分割，以自然地理和资源禀赋为基础，围绕区域特色主导产业，因地制宜打造成方连片的农业特色区域经济板块，形成规模优势、集群优势，提升区域农业的整体竞争力。其次，粤港澳三地应合理分工与协作。适应加快构建粤港澳大湾区的总体要求，广州、深圳应进一步压缩基本农产品生产，重点发展休闲、观光和生态景观型的都市农业，

以及农业技术研发、营销设计等知识密集型农业。其他珠三角城市作为湾区农业生产的纵深腹地，应以承接都市型农业扩散和转移、强化区域农产品供应保障、促进农业转型发展为主要方向，重点发展高效、优质、生态、品牌农业，积极发展现代化的农产品生产、加工和物流产业，积极推动一二三产业融合发展，努力成为高端优质农产品生产基地和供应基地，着力打造引领现代农业发展的示范区。

（二）密切产加销联系，推动农业市场协同

进一步完善农产品流通体系、市场信息体系、农产品质量检测和市场准入体系，实现市场对接，努力构建统一市场。合理布局农产品产地市场与区域农产品集散中心，完善冷链物流、直销配送体系，逐步实施统一的农业标准化体系，构建 1 h 鲜活农产品物流圈。通过培育产销一体化经营组织，发展产销一体化经营，借助“互联网 + 农业”等新型业态，采取订单农业、农超对接等经营形式，真正实现产销对接。高度重视农产品质量安全问题，建立一体化的农产品质量安全监管机制和统一的农产品质量安全监测体系，完善区域农产品质量安全监管信息共享机制，实现农产品质检手段一致、内容统一、结果互认、处置明确。

积极培育跨区域经营的大型农业产业化联合体。支持鼓励农业产业化龙头企业和农业投资企业以收购、控股、联合、兼并、委托生产等多种方式，整合联结各类农业经营主体，形成若干以农业产业化龙头企业为核心、以合作社为纽带、以家庭农场和专业大户为基础、以社会化服务组织为支撑，关联紧密、分工明确、链条完整、利益共享、跨区域经营的农业产业化联合体。应进一步深化三地农业龙头企业和其他农业经营组织的联系与合作，形成“你中有我，我中有你”的市场一体化发展格局。同时，要依托既有现代农业园区和农业生产优势区，建设优质农产品生产基地，在组织形式上实现农业一体化生产和经营，破除当前广东地区农业生产规模小、经营分散的弊端。

（三）加强产学研合作，推进农业科技协同

依托现代农业技术优势，放大农业科技创新、应用、扩散效应，推进农业科技协同，聚力打造农业科技高地，是农业协同发展的重要切入点。香港、广州、深圳科技创新资源丰富，农业科技协同的基本方向就是促进优势科技资源和要素向其他城市辐射与扩散，科技成果在珠三角其他 7 市孵化转化。应创新体制机制，推进三地企业、高校和科研院所跨区域联合，组建关联紧密、资源共享、通力合作、利益一体的农业科技创新联盟，并以此为依托加快关键技术研发和技术标准创新，共同

申请国家重大科技计划和产业化项目，联合建设实验室、工程中心、中试基地、科技成果转化基地，深化产学研合作。

在农业科技创新资源和平台方面，加强合作共享，促进各种创新要素按照市场规律在区域内优化配置，打通区域内农业科技创新资源快速流动的便捷通道。构建开放、畅通、共享的科技资源平台，建立工作、项目、投资对接机制，推动综合服务平台互联互通。支持鼓励区域内农业科技人才合理流动，探索完善科研成果权益分配激励机制，构建农业科技成果转化和交易信息服务平台，推进三地农业技术市场一体化建设，促进科技成果转化应用。

（四）强化资源保育，推进农业生态协同

农业是高度依赖资源环境的产业，也是直接影响资源环境的产业，还是可以创造生态环境、发挥生态服务功能的产业。目前，粤港澳地区资源环境约束突出，现代农业协同发展必须以区域生态环境保障与改善为前提。应统筹协调农业生产与生态保护关系，强化资源保育，坚持“以水定产”调整农业用地规模，适度增加生态用地规模，稳定和扩大退耕还林还湿范围，建设成片森林和恢复连片湿地。

确保农产品产地环境安全，不仅是实现农产品质量安全的现实需要，还是促进农业资源永续利用、改善农业生态环境、实现农业可持续发展的内在要求。长期以来，由于过度追求数量型增长，农业投入过量、不合理使用，导致农业资源污染日益严重。下一步，必须突出抓好农业资源污染治理工作，重点是减少化肥、农药使用量，加强对畜禽粪便、农作物秸秆和农田残膜等农业废弃物的合理化处置和资源化利用，减少对水、土壤等的污染和危害。加快推进农业清洁生产，大力发展生态循环农业，早日实现区域农业生态环境根本改善。

（五）深化体制机制改革，推进农业政策协同

改革发展多年的实践证明，体制机制改革能够极大增强农村发展活力。推进粤港澳农业协同发展，要以农业政策支持及相互间农业政策的有效衔接为保障。长期以来，受制于行政区划分割，农业农村要素资源无法实现区域内自由流动，特别是落后地区优质要素资源无法转化成经济价值。实现农业政策协同，必须构建覆盖三地的农村土地市场、农村金融市场及其他产权的一体化交易市场。坚持统筹布置、同步推进，率先完成区域内农村土地承包经营权确权登记颁证工作，同时做好与不动产统一登记工作的衔接。实现农户承包土地经营权等农村产权交易流转综合服务与管理平台互联互通，共同推进农村集体产权股份合作制改革试点，开展农村土地

征收、集体经营性建设用地入市、宅基地制度改革试点，研究建立辐射三地的农村信贷担保体系。

推进农业协同发展，应最大限度地统筹区域内公共资源均衡配置，努力推进区域内城乡基本公共服务均等化。同步推进三地城乡基础设施建设，加大公共财政向农村特别是落后地区农村的投入力度，加快建设美丽宜居的新家园。统筹发展农村基层综合公共服务平台，推进教育、文化、卫生等公共服务设施的共建共享和综合利用。

第三节 “十四五”期间都市热带农业发展要求及路径

一、“十四五”期间都市热带农业面临的形势

（一）全面建成小康社会将如期实现

第一个“百年奋斗目标”是到中国共产党成立 100 年的时候，我国全面建成小康社会。农业、农村、农民的发展，是检验全面建成小康社会成色和质量的关键指标。“十三五”所处的历史时期，正是小康社会从基本建成到全面建成、从农村局部小康到乡村全面振兴的历史阶段。“十三五”末，农业现代化要取得明显进展，城乡发展的融合协调性需要明显增强，农民生活水平和质量需要普遍提高。“十四五”农业农村现代化和农民生活要再迈上一个新台阶，筑牢小康社会的根基。

（二）第二个百年目标建设需要顺期开局

第二个“百年奋斗目标”是到中华人民共和国成立 100 年的时候，我国建成富强、民主、文明、和谐的社会主义现代化国家。“十三五”“十四五”两个五年规划，正逢两个“百年奋斗目标”的历史性交接。这就需要在第一个“百年目标”实现的同时，为中华民族的伟大复兴筑牢根基。“中国要强，农业必须强；中国要美，农村必须美；中国要富，农民必须富。”建成富强、民主、文明、和谐、美丽的社会主义现代化强国，基础在“三农”。到 2050 年，要达成乡村全面振兴的目标，真正实现农业强、农村美、农民富。把我国从一个农业大国建设成为农业强国，从乡土文明建设成城乡融合文明，把农民发展成高素质的城乡公民，“十四五”要做好开篇布局。

（三）精准脱贫任务需要按期完成

“十三五”末，要确保现行标准下农村贫困人口实现脱贫，贫困县全部摘帽，

解决区域性整体贫困问题。“十四五”是检验“脱真贫、真脱贫”的重要时期，期间要保证已脱贫人口不返贫，已摘帽贫困县不反复。这就需要继续帮扶已脱贫地区，尤其要加强对不稳定脱贫户、边缘户和边缘村镇的动态识别，夯实精准脱贫成绩。

（四）乡村振兴战略需要即期有机衔接

在精准脱贫的基础上，要巩固提升精准脱贫成果，加快补齐乡村振兴的基础设施和社会民生短板，实现产业兴旺、生态宜居、乡风文明、治理有效、生活富裕。一个重要的衔接点在于，加快缓解农村相对贫困问题。当前热区农民还有相当一部分居民处于相对贫困状态。解决乡村相对贫困问题，不仅收入要达标，而且要在产业、人才、文化、生态、组织方面全面振兴乡村，实现城乡融合发展。尤其是相对落后的农村地区，要把推动产业扶贫帮扶资源、政策举措等有序转到乡村产业振兴上。从“十四五”开始，要把农业发展成有魅力的希望产业，把乡村建设成为宜居宜业的乐土，让广大农民群众可持续地增收致富。

（五）农业供给侧结构性改革需要进一步深化

“十三五”期间，热区农业供给侧结构性改革不断深化。具体表现在：一是产品结构初步调优；二是生产方式初步调好；三是产业体系初步调顺；四是相关改革深入推进。农业补贴制度不断优化，托市政策改革攻坚阶段顺利完成，信贷、保险支农政策力度加大。但是，“十四五”期间，热区农产品需求总量仍然刚性增长、需求结构还会持续升级。这就仍然需要真正由市场引导,顺应从过去的“有没有”到“好不好”的转型升级，实现创新作为第一动力、协调为内生特点、绿色为普遍形态、开放为必由之路、共享为根本目的的农业高质量发展。

二、“十四五”期间都市热带农业发展路径

“十四五”对热作产业尤其是都市热带农业提出了新要求、新任务，要深入贯彻落实习近平总书记重要讲话精神，坚持高质量、绿色发展新理念，转变热作发展方式，形成绿色生产方式和生活方式，做强做优热作产业，努力构建特色鲜明、布局合理、高效安全、绿色生态的热作产业发展格局，助力热区乡村振兴。

（一）加强规划与政策引导

坚持规划先行、加强顶层设计，统筹考虑热区资源和环境承载力，坚持差异化、特色化、专业化发展方向，通过规划引导优化区域布局和产业结构，积极发展都市热带农业，推动名特优新稀热带作物产业带建设。研究完善都市热带产业扶持政策，

坚持绿色高效政策导向，提高资金使用效率。重点加强对热作种质资源保护、新品种新技术推广、标准化生产示范和天然橡胶生产保护区建设等关键环节和重点领域的支持力度。探索开展天然橡胶收入保险试点，提高热作政策性保险保费补贴比例，鼓励金融机构加强热作金融服务、完善信贷支农措施。

（二）强化科技创新支撑

有效整合热作科技资源，引进、培养热作科技领军人物和骨干力量，建立跨区域跨单位协同创新机制。加强基础研究，加大热作种质资源保护力度，加快培育一批具有自主知识产权的丰产、优质、多抗、广适优良品种。开展都市热带绿色生产技术体系联合攻关，力争在投入减量增效、病虫害综合防控、废弃物资源化利用和绿色保鲜贮运加工等关键实用技术上取得重大突破。完善都市热带技术服务体系，加强热作科技成果转化，提高产业科技含量和技术水平。

（三）推进都市热作标准化生产

进一步完善热作标准体系，加大标准宣传力度、创新宣传模式，加强成熟适用绿色技术、绿色品种的集成、示范和推广，加快都市热带热作产业全程标准化进程。加大热作标准化生产示范园创建力度，推进热作标准化生产示范工作转型升级，扎实建设一批技术水平高、经济效益好、一二三产业融合、带动能力强的热作标准化生产示范园。不断改进生产方式，全面推行立体栽培、种养结合等新模式，增加绿色优质热作产品供给，提高热作产业发展质量和效益。

（四）促进一二三产融合发展

依托都市热带系列基地，加强热作优势产区加工基地建设，着力改善产后商品化处理设施，促进热作产品就地就近加工转化，让加工增值收益更多地留在热区、留给农民。大力发展冷链物流体系和新鲜果品配送，健全热作产品开发和营销体系，发展“互联网+”热作农业，推动线上线下融合发展。加大名优品牌打造力度，加快培育热作公共品牌、龙头企业品牌和名优产品品牌，提升品牌国内外影响力。拓展热作多种功能，推进热作农业与旅游、教育、文化、健康养老等产业深度融合，发展热作新业态。

（五）完善经营服务体系

推进家庭农场、专业大户、农民合作社、龙头企业等热作经营主体共同发展，探索灵活多样的合作经营模式，发展热作产业化联合体，密切与农户利益联结。创新热作农业公益性服务方式和机制，充分发挥热作产业联盟、协会和学会等服务主体的作用，加强在信息、技术、培训、政策咨询、经营管理等方面的引导。支持具有竞争优势的企业在热作科技研发、生产、加工、物流、贸易等领域齐头并进、全产业链发展，创新商业模式，培育国际化、宽领域的现代企业集团。

（六）推进对外交流合作

抓住“一带一路”倡议实施重大战略机遇，加强热作国际技术交流与合作。引导支持热作科教机构开展对外交流合作，加大引进国外新品种、先进技术和管理经验的力度。积极参与国际标准规则制定，增强国际话语权。加强对中国－东盟自贸区等经贸合作的研究，不断研究完善贸易政策，提高我国热作产品竞争力。完善信息服务平台，支持有条件的企业走出去开展跨国经营，扩大优势热作产品出口，进一步拓展热作产业发展空间。

参考文献

白云，张乐乐，2019. 都市现代农业绿色发展机制、模式与举措 [J]. 长白学刊（04）：101–108.

本刊编辑部，2018. 高质量发展上海都市现代农业 [J]. 上海农村经济（07）：1.

柴雪瑞，李丽雅，2018. 兰州市观光农业发展现状与对策研究 [J]. 热带地貌，3（02）：35–39.

戴安娜·李－史密斯，2018. 非洲的城市农业：错过的发展机会 ?[C]. 北京：非洲农业的转型发展与南南合作 . 北京大学非洲研究中心，50–60，265–276.

戴静然，周晨，2019. 都市社区农园的生态实践：以湖南农业大学娃娃农园为例 [J]. 现代园艺（21）：120–123.

邓黎，2018. 中国与韩国都市农业可持续发展水平动态变化研究 [J]. 世界农业（12）：193–199.

杜国明，李姗姗，郑仁杰，等，2019. 乡村振兴背景下广州都市农业发展评价 [J]. 南方农村，35（06）：4–9.

段春晖，畅变娥，2019. 加快太原市城郊型都市现代农业发展的实践与思考 [J]. 农业技术与装备（02）：45–46+49.

方志权，2019. 日本大城市都市农业建设及对上海农业发展定位的启示 [J]. 科学发展（07）：95–102.

高露文，2018. 丹东市休闲农业与旅游业耦合发展研究 [D]. 长春：吉林大学 .

葛燕，俞恒敏，2019. “多业态复合”演绎都市农业新范式：记余杭区大径山农村产业融合发展示范园 [J]. 浙江经济（06）：34–35.

郭昌钰，杨莎，陈学念，等，2019. 创意农业推动乡村旅游发展研究：以贵州省六盘水市娘娘山为例 [J]. 安徽农学通报，2019，25（21）：10–12.

韩来发，2018. 郑州都市农业发展对策研究 [D]. 舟山：浙江海洋大学 .

韩世钧，2019. 新时代济南市都市农业发展研究 [D]. 舟山：浙江海洋大学 .

合肥市政协，2019. 农旅结合　发展都市农业新业态 [N]. 江淮时报，08–13（003）.

何云 , 李琼 , 陈业渊，2015. 热带作物种质资源研究进展 [J]. 北京农业（12）：142–146.

胡春丽，2018. 郑州市休闲农业空间分布及其评价 [J]. 中国农业资源与区划，39（10）：263–268.

户俊峰，甄卞，张天柱，2019. 基于 SWOT 分析的现代农业园区休闲旅游发展研究：以北京国际都市农业科技园为例 [J]. 安徽农业科学，47（13）：120–122.

黄柏青，李勇军，2020. 都市创意农业创新驱动发展模式研究：以北京市为例 [J]. 财经理论与实践，41（02）：121–129.

黄伦宽，2018. 都市农业发展的特点分析 [J]. 中国市场（31）：71–72.

金阳，2019. 我国都市农业发展的障碍因素与对策研究：基于对 S 市若干涉农区的调研 [J]. 技术经济与管理研究（10）：122–127.

李春，唐停停，2019. 郑州市发展都市农业的科学路径探析 [J]. 广西质量监督导报（08）：13.

李琳琳，霍贵娟，2019. 安阳市发展都市农业的现状及建议 [J]. 河南农业（04）：64.

李娜，2018. 都市型观光农业园区景观设计研究 [D]. 保定：河北农业大学 .

李萍，2018. 北京都市型现代农业生态服务价值实现路径 [J]. 江西农业（14）：62，64.

李永果，彭光福，谢树政，2018. 产村相融　农旅结合：巴中市恩阳区现代农业有限公司纪实 [J]. 长江蔬菜（21）：71–72.

李志敏，2018. 发展都市农业是提高农村综合效益的有效途径 [J]. 农民致富之友（19）：203.

凌薇，2018. 国外都市农业的发展模式与启示 [J]. 农经（03）：90–92.

罗雅丽，2018. 西安市都市农业结构演变及其优化研究 [D]. 西安：西北大学 .

吕静，郭尚伟，2018. 长春市都市农业发展现状态势分析 [J]. 四川建材，44（11）：72–73.

马瑞娥，2018. 关于发展都市生态农业的调研 [J]. 农民致富之友（19）：199.

马思妍，韩庆伟，白静静，等，2019. 休闲农业与乡村旅游农业发展动态研究：以保定易县狼牙山万亩花海休闲农业园为例 [J]. 安徽农业科学，47（03）：108–110.

马宇然，2020. 乡村振兴战略背景下都市型现代农业的可持续发展研究：以北京市昌平区为例 [J]. 科技和产业，20（04）：125–128.

毛海斌，2018. 关于发展都市农业的系统思考 [J]. 农家参谋（17）：8.

毛星竹，2018. 产业融合视角下西安市临潼区都市农业发展规划研究 [D]. 西安：西北大学 .

孟召娣，郝汉，蒋和平，等，2019. 城乡要素合理配置带动都市农业发展模式研究 [J]. 农业现代化研究，40（01）：18–25.

邱国梁，姜昊，2019. 中国都市农业发展探析 [J]. 湖北农业科学，58（20）：185–189.
阮妙鸿，林春桃，郑昆茛，2020. 引领小农户发展特色现代农业的典型模式和发展对策：以福安市为例 [J]. 福建农业科技（02）：66–70.
申合帅，2019. 郑州都市农业发展研究 [J]. 合作经济与科技（01）：24–25.
沈辰，2018. 美国都市农业发展模式 [J]. 农村新技术（04）：37.
沈海蓉，谢标，谢晟宇，2019. 基于可食景观的都市有机农业应用初探 [J]. 江苏农业科学，47（14）：342–345.
覃文勇，刘敢香，2020. 都市微农业景观设计探析：记常州市杨桥古镇农业景观规划 [J]. 现代园艺，43（07）：162–163.
佟宇竞，2020. 广州都市农业发展特色、影响因素与实现路径研究 [J]. 农业经济（03）：21–22.
万斐，2019. 铜川市照金现代农业园区休闲农业旅游规划策略研究 [D]. 西安：西安建筑科技大学 .
汪烨，2020. 高质量发展的都市农业 [J]. 农经（Z1）：54–58.
王平，2018. 都市农业如何吸引更多“都市人”关注？ [N]. 东方城乡报，04–12（003）.
王晓静，张玉坤，张睿，2019. 国外城市内部空间与都市农业的整合设计实践及思考 [J]. 国际城市规划，34（02）：142–148.
王允洲，蔡伟，李树超，2018. 青岛市城阳区都市现代农业发展研究 [J]. 青岛农业大学学报（社会科学版），30（02）：29–33.
韦一，李冉，2019. 都市型观光农业区的创新发展新路径：以《祥源·幸福农场概念规划》为例 [J]. 安徽建筑，26（04）：15–16.
卫盼盼，关雯予，2018. 都市型现代农业发展研究：以山西省晋城市为例 [J]. 经济师（04）：129–130.
魏堃，2019. 山东省济宁市休闲观光农业发展研究 [D]. 荆州：长江大学 .
吴方卫，刘进，2019. 中国现代都市农业竞争力综合指数（2018）[J]. 上海农村经济（06）：4–10.
吴玉，沈永宝，2020. 浅析淮安市创意休闲观光农林业发展模式 [J]. 农学学报，10（04）：93–100.
夏金梅，2019. 国内外都市型生态农业发展实践及对河南省的借鉴 [J]. 北方经济（06）：54–56.

熊桂花，2019. 供给侧改革背景下重庆市休闲农业的发展现状及策略研究 [D]. 重庆：重庆师范大学 .

徐林峰，2018. 合肥都市现代农业发展研究 [D]. 合肥：安徽农业大学 .

徐长春，陈少愚，2017. 武汉市都市农业发展成效、挑战及政策建议 [J]. 湖北农业科学，56（23）：4628–4631.

牙星欢，2019. 柳州市生态观光农业发展对策研究 [D]. 南宁：广西大学 .

杨勇，肖鸥，张运，2019. 都市近郊型现代农业发展模式 [J]. 农村百事通（03）：9–11.

叶明琴，何新华，谭永革，等，2018. 乡村振兴背景下钦州市休闲农业发展 [J]. 热带农业工程，42（06）：46–51.

佚名，2018. 推动新时代都市农业高质量发展　促进乡村全面振兴 [J]. 吉林农业（10）：16–17.

尹俊梅，等，2005. 中国热带作物种质资源研究现状与发展对策 [J]. 热带农业科学（12）：95–100.

于红，2018. 沈阳加快发展都市农业路径研究 [J]. 辽宁行政学院学报（01）：48–51.

袁清，2019. 国际商都视角下都市农业生态化发展研究 [J]. 农业经济（04）：23–24.

张莞，2019. 乡村振兴背景下农业与旅游业融合发展研究：以南充市为例 [J]. 乐山师范学院学报，34（06）：78–84.

张凯，2018. 关于构建天津都市型农业投融资体系的几点思考 [J]. 产权导刊（10）：57–58.

张明亮，2019. 现代都市农业发展模式的选择与建议 [J]. 南方农业，13（21）：135–136.

张社梅，曾文俊，陈锐，2018. 推进都市现代农业供给侧结构性改革策略研究 [J]. 经济纵横（02）：99–104.

张小峰，2019. 浅谈都市型农业发展的思路与对策 [J]. 农民致富之友（02）：240.

赵微，2019. 经济转型背景下太原都市农业发展研究 [J]. 市场研究（06）：43–44.

钟肖徽，2018. 湛江市休闲农业发展研究 [D]. 湛江：广东海洋大学 .

周灿芳，梁俊芬，黄红星 . 粤港澳大湾区都市农业建设分析 [J]. 科技管理研究，40（06）：121–127.

周丹，毕宇珠，苟天来，2019. 德国城镇规划对京津冀都市农业生态体系构建的启示研究 [J]. 山西农经（05）：72.

周忠学，李梦桃，2017. 基于农业多功能视觉的都市农业用地效益时空变化研究——以西安都市圈为例（英文）[J]. Journal of Geographical Sciences，27（12）:1499–1520.